Cien Gotas de Agua

Raúl Sánchez Monreal, Jr.

Principios de la vida - retos e inspiraciones

Morgan James Publishing • NEW YORK

Cien Gotas de Agua

Derechos reservados © 2007 Raúl S. Monreal, Jr.

Presentación y disposición en total de *Cien Gotas de Agua* son propiedad del autor. El contenido de este libro esta registrado con derechos reservados Ninguna parte puede reproducirse de manera mecánica, fotocopia o por computadora sin autorización por escrito del autor (excepto por citación por los revisores).

También disponible en inglés/Also available in English
Pasta blanda ISBN: 978-1-60037-013-7 (Versión en inglés)
Pasta blanda ISBN: 978-1-60037-230-8 (Versión en español)
Audio ISBN: 978-1-60037-014-4

Publicado por:

MORGAN · JAMES
THE ENTREPRENEURIAL PUBLISHER™
www.morganjamespublishing.com

Morgan James Publishing, LLC
1225 Franklin Ave Ste 32
Garden City, NY 11530-1693
Toll Free 800-485-4943
www.MorganJamesPublishing.com

www.RaulSMonrealJr.com

Diseño de portada y planear el orden del libro por:

Rachel Campbell
rcampbell77@cox.net

Habitat for Humanity®
Peninsula Building Partner

Dedicación *y* Reconocimiento

Este libro de poesía esta dedicado ha mi esposa y pilar Aurelia por su entendimiento y apoyo que siempre ha sido mi luz interna. A mi hijo Raúl A. Monreal, III y esposa Sally Monreal, mi primera nietecita, Sierra Nicole Monreal, a mi hija Clarissa Ivett M. Wiszezur y esposo John Wiszezur y mi hijo Orlando A. Monreal. Que me han permitido obsequiar parte de su valioso tiempo a la comunidad como voluntario para el mejoramiento de esta sociedad. Por todo el entendimiento y sacrificio brindado para poder alcanzar metas que me estimulan lograr ser un producto de bien para la comunidad y todo ser humano. También a mi abuelita Paz Barrón Sánchez y madre Victoria Sánchez Lowe y padrastro Ernesto Lowe, hermana Hortencia Monreal Rodríguez y esposo Guillermo Rodríguez e hijo Martín Rodríguez. Un saludo especial a mis suegros José Guillermo Amaya Guzmán y esposa Guadalupe R. Amaya y cuñados, a todos mis maestros especialmente Fernando Vender, Rose Duarte, Justo Alarcón que fueron un apoyo de enseñanza incondicional.

Quiero también agradecer a Robin Thompson por el reconocimiento que le dió al talento de mí poesía y por sugerir que conozca a David Hancock con Morgan James Publishing LLC de Nueva York quién inmediatamente ofreció asistirme para la publicación de mi libro poético en inglés y español. A Chris Howard, Jim Howard, Heather Kira, Cindy Sauer and Ann Crawford que su invaluable asistencia no podía faltar. A Chris Howard, Manejadora de Relaciones de Autor, por guiarme en las primeras etapas de mi libro. También quiero agradecer a todas mis amistades, colegas de trabajo y compadres. Gracias por sus atenciones.

Prefacio *Cien Gotas de Agua*

La poesía como una forma de arte es un puente de varias emociones inspiradas que tocan un nervio sensitivo que manda una señal al corazón. Es capaz de asistir aquel individuo especial que compra *Cien Gotas de Agua* de la misma manera que un prisma canaliza su luz hasta el más vivo espectro de colores del arco iris causando una influencia positiva. La siguiente colección de trabajo es un evocativo de la reafirmación y espíritu optimista producido por un análisis de la vida y experiencias aprendidas de una persona. Samuel Jonson le gustaba decir "defecto es la consecuencia de pensamientos limitados." Como una refutación, el esfuerzo de este autor es la opuesta diamétrica de esos pensamientos limitados. Los sentimientos relacionados por la persona involucrada a través de este medio son variados e intensivos. La energía creativa desposada toca sobre la espiritualidad, amor, esperanza, amistad, meditación, experiencia divina, fé, romance y un proceso positivo cognoscitivo.

Considerando los cambios de cada una de las facetas de cada trabajo lo conectará profundamente en un receso en la mente para ceder las

Prefacio: Cien Gotas de Agua

memorias durmientes. Premisa reflexión sobre un origen humilde, de un comienzo poco propicio, de un encuentro de una duda misma o de otra en veces debilitada condiciones humanas es una herramienta valuable en el mantenimiento del deseo y capacidad para alcanzar objetivos sin sucumbir al cinicismo o amarguras. Los mensajes ofrecidos en estas poesías buscan connexión al deseado sentimientos adquiridos, contentamiento y cumplimiento lo cual son los resultados derivados del mantenimiento del balance de la vida de uno.

Los trabajos son intentados para que estéticamente sean placenteros como a la vez, con dinamismo interpelado entre los más complejos pensamientos y palabras las cuales no puedan ser suficientes para ilustrar un claro punto.

Es precisamente porque la poesía es muy elocuente. Los elementos de flexibilidad, la universalidad de ciertas trazadas experiencias hechas con esfuerzo personal y conocimiento empírico son las colaboraciones maravillosas. El significado de este trabajo puede cambiar como las nubes pueden cambiar la vista del paisaje. La verdad contenida entre si pueda que no sea.

Profesor, Joseph A. Duarte
Profesora, Rose S. Duarte

Nota Del Autor

Desde que nació el sueño de publicar mis poemas y poder obsequiar mis inspiraciones a todo aquel que los desee, no podía dejar desapercibido el logro de este libro. Esperando tocar aunque sea una vibra de sus corazones y que disfruten con sus propias experiencias el sentimiento que mis poemas resaltarán conmoviendo sus emociones. Los diversos temas son vivencias e inspiraciones causadas por mis vividos. A la misma vez fueron creados con un lenguaje escogido para poder pintar un retrato vivo de algo muy sublime y memorable al quien los lea. También descubrí que es una manera de presentar y poder hacer que mis poemas junto con cada uno de los lectores, sientan mi inspiración especial. Este libro es un testimonio, mío -- porque trato de utilizar el don de captar lo espiritual, dando vivencia a la inocencia de esa inspiración que llega deseando que alguien la reconozca y la capte para darle luz. Es muy raro abrirme hacia el público creando un libro abierto, donde se darán cuenta de mis intimidades con la inspiración con la cual yo nací. Mis poemas

Nota Del Autor

son creaciones que coinciden como canciones con melodía rítmica de un cancionero que llega a todos los corazones. Mis poemas son mi antología personal que obsequio al lector como gotas de agua que se unen sin poder determinar que soy la voz de la inspiración original. Mis poemas son gotas de agua que cuando se unen hacen una vivencia universal que no pueden apartarlas porque se hacen una.

Raúl Sánchez Monreal, Jr.
Poeta

Indice

- I   **Prefacio**
- III   **Nota Del Autor**

1   Cien Gotas de Agua

- 3   Somos Gotas de Agua
- 5   Mi Poema
- 7   El Poeta
- 9   Pasión
- 11   Visionario
- 13   Carácter
- 15   Principios de una Buena Humanidad
- 17   Yo Se Que Puedo y No Tengo Miedo
- 19   Fondos Amistosos
- 21   Sueña en Todo lo que Quieras
- 23   Alcanza las Estrellas
- 25   Procrastinación
- 27   Debemos Actuar
- 29   Imposible
- 31   Fracasar
- 33   Innovador
- 35   Sinergia
- 37   Dar Poder

39   Una Opinion

- 41   Cambiar
- 43   Educación
- 45   ¿Que Asi es la Educación Para Usted?
- 47   El Estudiante Hispano
- 49   Una Gran Maestra: Rose Duarte
- 51   Aprendiendo con Propósito
- 53   Esperanza

55 Nuestro Reto
57 Yo Se Que Podemos
59 No Te Pongas en mi Camino
61 Mis Ilusiones
63 La Envidia Nos Habla
65 No Solo es LLegar
67 ¿Cuando Bastante es Bastante?
69 Me Enamoré de ti
71 La Amistad es Posible
73 Madrecita, Tu Día Especia
75 Mi Familia
77 Nuestra Nieta Especial: Sierra Nicole
79 Sí se Puede

83 Lo Que Aprendi Tiene Valor

85 La Tierra LLora
87 Los Corazones de los Hombres Afectan a Muchos
89 Difícil
91 Dinero
93 Clarissa
95 Soy de Ustedes

97 Nuestro Ritmo es la Cumbia
101 Sonora y su Cumbia
103 Cumbia Sahuaripense
105 Cumbiando
107 Conquista en Miami
109 Ritmo Ajustadito
111 Noemi
113 Sombra Perdida
115 Feliz Navidad y Un Divino Año Nuevo
117 Por Favor
119 Me Encuentro Solo
121 Cerca esta la Unidad
123 Salí a Estados Unidos
125 Amor Anhelado
127 Me Quiere a Mi
129 Dime Mi Vida

131 Buscando Amor

133 Soñando con tu Querer
135 Quiero Que Me Quieras Tu
137 No es fácil Decir te Quiero
139 Perdí a mi Valiosa Familia
141 Un Son alegre

143 Te Lo Dije
145 En Arizona se han Equivocado
147 Mujer Bella
149 Bonito Sentimiento
151 Embriagada Ilusión
153 Apenas Te Conozco
155 Que Suerte Tienen los Feos
157 Bailen Todos
159 Traigo Country en mi Sangre
161 Mala Noche
163 Mi Propia Gente
165 Servicio Comunitario: Voluntario
167 El Relámpago de Agua Prieta
169 Di Que Sí

173 La Campana

175 El Niño Chiclero
177 El Primer Beso
179 El Gordito
181 La Hora LLego
183 A Mi Abuelita
185 Creamos Gran Fogata
187 Cuando te Veo
189 Porque Será
191 Me Abandonaste
193 Me Inspiraste
195 Me Dejaste
197 Porque Cruce
199 Mi raza Querida
201 A Mis Madrecitas
203 Josefina

205 Biografia de Autor
207 Testimonios

Cien Gotas de Agua

Mis poemas son las gotas cristalinas de mi llanto
la alegría de mi corazón como un deleitado canto.

Mis inspiraciones escogidas por mi ser,
los fracasos que nos acontecen al crecer.

Mis poemas son hechos con un lenguaje elegido
reproduciendo una pintura en vida, sin olvido.

Son sinceros y me llegan con frecuencia,
los paso a papel con mi lápiz como una herencia.

Destinados a la gente que los quiera,
sin duda alguna con dulzura aquel que los espera.

Aprecio mucho al público que los lea
Sepan que se los dedico en este libro de prosa hermosa.

Somos Gotas de Agua

Cuando dos gotas de agua se unen
nadie puede determinar cual es cual.
La esencia es pura, ambas la componen
llenando la sed del corazón leal.

Cada ser humano es una gota
es tan única que fue hecha con amor.
Cuando se unen es difícil notarla
creando un suave unión sin error.

El agua es un recurso de la vida
porque muchas gotas la componen.
Creando la nutrición y terminar una ira.
la fuente de recursos sin fin se unen.

Usemos esto como un gran ejemplo
donde las gotas naturalmente se hacen agua.
El ser humano demuestra el esfuerzo amplio
lo deseado de todo a aquel que te habla.

Mi Poema

Una inspiración salió de mi corazón,
la mente dirigió a mi mano con esta pluma y dió razón.

En la mente se formuló el plan enviado,
con la pluma en mano lo comencé y el poema fue creado.

Lo vi crecer como un hijo mío,
lo acaricie y forma le di, ahora se los envio.

Que satisfacción tan maravillosa,
al ver mi trabajo desarrollado, como una rosa.

El significado puro que continúe este poema,
si lo analizas bien, entenderás el tema.

El Poeta

Un poeta escribe un poquito de todo,
aunque muchas veces se le critica de
se le tira con lodo.

Han de decir muchos de ustedes,
¿Qué se gana?
Si les entra la información por
un oído y les sale por el otro
como dijo, fulano y fulana.

La intención del quien la escribe
es lo que vale.
Si quiera traté, pero te preguntaré
algún día ¿Tú que has hecho por la
causa en tu jale?

Pasión

Un interno espíritu que conmueve,
una sinergia de devoción en movimiento,
una renovada persona con fuerte sentimiento,
un deseo intenso describen la pasión.

Una esencial básica que supera,
un sentimiento por dentro que es fuerte,
un íntimo espíritu que promueve,
señal que mi pasión engrandece.

Yo soy sincero con mis hazañas humanas,
por mis inspiraciones estoy agradecido
ayudando a nuestra sociedad con muchas ganas
y dar a conocer todo lo que he aprendido.

Cuando encuentras tu alineación,
tu pasión céntrica se acerca a la lealtad
cuando estas fuera de la alineación,
tu pasión céntrica no trabajara para ti, es verdad.

Visionario

Un don para ver más halla del mar,
a pesar de las muchas barreras a tu lado.
Juega tu mano, que se te dió para divisar,
debes seguir usando lo que se te ha entregado.

Tu visión mental busca toda la verdad,
una persona común opera dentro de su espacio que le das.
Mientras tú puedes dar sentido a lo abstracto con claridad,
y la persona común necesita más pruebas.

Usa todos tus sentidos para expandir tu visión,
que tu misión entonces se unirá.
Separándola de toda la competición
porque tus pasos a seguir están cerca de tu mira.

La fuerza magnética que emites,
atrae la energía de otros también.
Úsala bien y dásela a esos que cuidan a otras gentes
ayudando al ser humano como si fueran seres del bien.

CARÁCTER

NO ES BASTANTE SER
necesitamos aprender cada día
sacar valor de lo que vemos
y la CONFIANZA como guía.

Dejar a nuestras mentes volar
y reflexionar por un momento
RESPETANDO las cosas al pasar
y ser profesores de la vida es un complemento.

Una decisión se tiene que contemplar
bien o mal, simplemente es el ejercicio
RESPONSABILIDAD no debe vacilar
porque lo que escogemos nos hace sabio.

Mantenga en mente que no estamos solos
IMPARCIALIDAD es lo que cuenta en la sociedad
cuando bajamos todo el nivel para todos
provee a un individuo con una gran oportunidad.

14 CARÁCTER *continuado*

Cuando quiera hacer la diferencia
y lo sienta en su corazón y en la conciencia
ser BONDADOSO hace valer la inocencia
sintiéndote que has hecho tú parte y dando asi inteligencia.

Estos son los ingredientes por los cuales optamos
alineándonos al real CARÁCTER en nuestra vida diaria,
honrando aquellos quien respeten a los seres que adoptamos
viendo estas características en un CIUDADANO que prospera
en forma seria.

Principios de una buena Humanidad

Comienza tu día con alegría,
no traigas problemas pasados para lamentar.
Ni deseos futuros para contemplar todavía,
vamos usando hoy, que es tu presente para presenciar.

Lo siguiente en línea es crear valor en otros,
no esperes nada por lo que hayas regalado.
Te llenará tu espíritu más sin alborotos,
dejando que los recursos los haya bien otorgado.

Ahora hay que crear relaciones humanas,
comisionando a tu equipo para que tenga éxito,
moviéndonos en la misma dirección que trazas,
alcanzando el objetivo prometido.

El objetivo es hacer la diferencia,
haciendo este mundo mejor para vivir,
nuestra nueva generación llena de inteligencia,
preguntándonos, ¿Que diferencia dejamos para asistir?

Yo Se Que Puedo y No Tengo Miedo

Hoy es el día que puedo alcanzar

mis metas y deseos, se convertirán en realidad.

Estoy bendecido y no tengo miedo al progresar

mis sueños aún más cerca con mucha claridad.

No me detendré en el pasado atrapado

ni esperaré que llegue el mañana

tengo todo mí día, hoy

ni un día más para pedir prestado.

Asi es que este es mí regalo, que le dejaré a ustedes

un pensamiento para que lo considerés.

Todos tenemos miedo al miedo

hasta el miedo nos tiene miedo.

Si confrontamos al miedo

el miedo se desaparecerá

y el éxito eventualmente aparecerá.

18 Yo Se Que Puedo… *continuado*

Asi es que ahora ya lo entienden,

que yo se que sí puedo

y no tengo miedo.

Fondos Amistosos

Arte asombroso de poder regalar
dejando a todos saber
entendiendo para cooperar
los fondos tienden a crecer.

No trate de obtener el dinero primero
si no das a saber la causa
el ser humano tiende a dar, te entero
y asi te ganaras tu aplauso, asi pausa.

El ser humano tiende a dar
es el instinto que viene de adentro
es la causa que hay que crear
para que los niños crezcan sanos eso pretendo.

Esto se conoce mejor ser esplendoroso
con fondos amistosos por la causa
el enfoque es todo lo decoroso
el dinero complementa la alianza.

Sueña en Todo Lo Que Quieras

Dentro de mí, siento una inspiración
un mensaje es mandado a mi mente
un sueño es capturado en moción
un mensaje creativo definido al instante.

La claridad de un sueño inédito
manda palabras a la mente grafico
recibiendo un retrato vía un lucero
creando un real dibujo casi divino.

El dibujo ahora se vuelve poesía
uniendo esas palabras piezas especiales
para mi es conocida como creatividad pura
levantando nuestros corazones dándole razones.

Ahora, ya tengo mi sueño
su esencia es todo lo que puede ser
ahora, lo pongo en práctica solo
un mensaje tan unico, ahora lo puedo leer.

Alcanza las Estrellas

Yo se que podemos, por eso no tememos
las palabras "No podemos" desaparecieron
con mente y espíritu para perseverarnos
porque las palabras "Sí podemos" llegaron.

Ya ven, mi amigos esto lo dice todo
de cómo nos sentimos se nos ha revelado
vamos tomando posición y entendimiento
que "Sí podemos" alcanzarlo a nuestro modo.

Alcancemos nuestras estrellas
mientras nuestro sueño está en nuestra mano
nunca estaremos muy lejos ellas
si vemos más allá de nuestro miedo.

Alcancemos y lo sentiremos
nos gustara como se siente
pero no hay que decir mucho
actuaremos hoy y nos realizaremos.

24 ALCANZA LAS ESTRELLAS *continuado*

Nos sentimos bien
cuando nos enfrentamos a la verdad
y trazando nuestro destino
donde estuvimos es realidad.

Cuando encontremos la luz
esta brillando radiante
el tiempo esta en su momento
y los ángeles están pendiente.

Alcancemos y lo sentiremos
y veamos que hemos llegado
y nomás hay que estar enterado
que el éxito esta dondequiera
que nosotros estemos.

Procrastinación

Usted decide quedarse sin moverse
y el mundo sigue su curso
lo mejor de la vida pasara y no regrese
luego sentirás que todo esta oscuro.

Usted es una persona especial
con un don para que lo use
utilizando su fe y seguir leal
procrastinación se ira asegúrese.

Su vida esta llena de herramientas
y también dones de la mente
no los tires como un bobo nomás
no dejes que se queden todos atrás.

Procrastinación es un problema
para aquellos quien se quedan sin moverse
el movimiento siempre gana
y la gratificación va imponerse.

Debemos Actuar

Para ser el mejor debes de actuar
no dilaten el interno movimiento
siempre adelante y no hay que reaccionar
creer en ti mismo y ganar el momento.

Cuando tengas ganas para moverte
y comienzas a dudar
deja a tu instinto experimentar
con ese sentimiento especial que cogiste.

Tu decisión produce la acción
cuando vez mas allá que ahora
es la realidad que atrae la satisfacción
y el resultado te hara orgulloso.

El nombre del juego eres tu
y la clave para tu éxito es tu acción
dale toda tu atención a los detalles de lleno
y asi realizaras tu creación.

Imposible

Un modo de evitar cualquier reto
es confrontar la palabra imposible.
Es una manera facil de enfrentar al cambio
y luego realizar que sí era posible.

La palabra imposible se usa por dondequiera
por esas personas que ven el mundo pequeño.
Satisfecho en la rutina, sin atender el terreno fertil
pero después ellos preguntan o acusan a otros por sus fracasos.

Imposible no es una realidad. Es simplemente una excusa
el factor del miedo controla nuestra mente, pensando inmune.
Ha pensado Porque no se mueve o ¿Porque se siente abusado?
creaste expectaciones falsas y tu energía fue consumida.

Asi es que imposible es una opinión y no un estado de mente
pueda que te guste como se siente o prefieres estar atrasado.
Cuando la palabra imposible es usada también te sientes limitado
cambia imposible por posible y quítate las vendas de los ojos.

RACASAR

SI TIENES MIEDO DE FRACASAR
cuando tienes que actuar
dejando atrás ninguna traza
tendrás que ser forzado para reaccionar.

Esto no es la manera para empezar el día
no seas un cobarde
Porque te harás una victima
parándote para que puedas seguir adelante.

La solución para este dilema
es de actuar sin miedo a fracasar
tú puedes siempre tratar un Nuevo plan
moviéndose hacia delante para predominar.

Asi es que fracasar es mejor que mantenerse sin moverse
ganándose tu ventaja alcanzando tú objetivo
dejando a tu ser para que tengas un libre deseo
tú puedes recobrar tu control total absoluto.

Innovador

Un pensador deja a su mente crear
ondas que pasan son capturadas
remplazadas con palabras para procrear
la imagen aparece como la pureza de la naturaleza.

Un innovador es creativo
dejando a la inspiración que llegue con vida
agregando significado y revivir
un retrato vivaz que sobreviva.

Una mente inventiva
crea energía mezcla
dejando la belleza que combine
una explosión que recompensa.

Conocemos que esto se conoce como inventor
porque de un suspiro de aire aparece la hermosura
envolviendo a la creación uniendo todos poros
innovación se convierte en éxitos que dilata resultados.

34 INNOVADOR *continuado*

Poder cerebral usado y enfocado

las oportunidades son muy potentes

niveles de madures lo ha causado

recursos adquiridos y sintiéndose alegre

patente ahora y aquí.

Sinergia

SINERGIA EMITIDA Y COMETIDA
capturé l proceso a su máximo
valorando a cada persona acomodada
resultados que perduran con el resultado.

poder cerebral usado y enfocado
oportunidades son muy potentes
niveles de madurez en lo causado
recursos adquiridos y contento te sientes.

No trates de ser alguien que no eres
ser tu, tú eres unico y la gente te siente
Tus expresión es el sustento que la gente habla
la mas alta forma de sinergia relación pendiente.

Asi cuando te sientas nutrido entre si
y tu comienzas a notar tu urgencia de expresión
la sinergias efectiva son sinergias que honra a todos
ellos se sentirán apoyados en orgánicamente envolviendo con pasión.

Dar Poder

Dar poder es un proceso que se comparte
dejando que las destrezas, habilidades y creatividad nos nutran
mientras aceptando ser dueño y la responsabilidad de atreverte
dejando que el control y la decisión florezcan.

Dar poder es un proceso primordial
para que cualquier ser humano contribuya en propia manera
crecimiento y su potencial cuando se encuentra cara con el éxito
haciendo la diferencia por otro a cada día.

Dar poder es usado por diferentes causas
A veces es usado para unificar a las masas
y en veces para dirigir a la suciedad de las cosas
esto es injusto de ciertas clases humanas.

Dar poder es un poderoso proceso
para mejorar la paz del mundo y elevar la armonía
y de poder utilizar los recursos del mundo
para traer lo mejor de ti y de mi.

Una Opinión

No critiques mis palabras
hasta primero analizarlas.
Escucha mis consejos
por que si no lo haces, nuestras
metas estarán muy lejos.
Vamos dejando el orgullo malinchista
esto nos lleva a la derrota en lugar de la conquista.
Que bonito es cuando hay unidad,
se trabaja mejor y además se forma la buena
amistad y también se llega a la prosperidad.
Dime tu algo, amigo, tenlo seguro que te escucho,
te darás cuenta que lo que predico vale mucho.

Cambiar

Aceptarnos como somos,
cambiar deseos que no somos,
buscar por dentro no por fuera,
no dejes que sea un plan secreto.

Acepta lo que no podemos cambiar,
no trates de copiar a otra persona,
Aprende acerca de tí, no seas extranjero,
recuerda que todos somos una persona especial.

Acepta lo que podemos cambiar,
enfréntate a la verdad y no le des rodeos.
Todos merecemos una segunda oportunidad,
aunque la presión de tus semejantes lo previene.

Si cambiamos, aceptar la responsabilidad,
hacer adjustos e ir hacia al frente.
Ese cambio depende de tu sinceridad
y la tranquilidad por tus adentros.

42 Cambiar *continuado*

Si el cambio en realidad nunca pasó,
es porque cuando pasó, lo rechazamos,
No nomás por nosotros si no por los que nos rodean,
si se acepta el cambio, será protegido.

En efecto, el cambio en si, necesita ser aceptado,
pero cambios que vienen a través de otro cambio
trae a otro cambio, porque están conectados,
lo tradicional necesita cambiar por ese cambio.

EDUCACIÓN

¿QUE ES LA EDUCACIÓN?

¿Acaso es una interrupción?

Yo diría que es nuestra salvación

Permítanme que me explique,

De lo que yo les indique

Lo evidente de nuestros problemas que nos destrozan

Es que no tomamos en cuenta la educación por eso nos acusan.

Creo yo que la educación puede traer un gran cambio en la vida.

De lo contrario puede traer las consecuencias que no es una meta preferida

Anden, vamos esforzándonos para que nuestros hijos tengan su merecida educación

Para que no sufran de una mala preocupación

Preocupación seria Buena palabra de usar de Nuevo para enriquecer

Es necesario preocuparse, si no se preocupa por los suyos nadie va ha establecer.

¿Qué Así es la Educación para Usted?

Soy pobre de nacimiento,
Pero la educación la traigo aquí muy dentro.
Los métodos y técnicas de enseñanza que usan en mi escuela,
También fueron usados en el tiempo de mi abuela.
Desgraciadamente cierta de mi gente todavía sigue con la pizca,
Y no sé porque, pero a lo mejor fue porque no salieron
en su mentable lista
Me pongo analizar el porque de mi fracaso
Le aseguro que mi voluntad de aprender es muy fuerte
pero ni siquiera me hacen caso
Pero préstame su tiempo y déjeme que le explique,
Lo que es la educación para ciertos profesores que se creen un cacique.
Se lo digo con mucha experiencia y frustración,
Que no entiendo porque en este siglo todavía nos enseñan
sin ninguna consideración
Oigo decir que los que nos educan son nuestros padres,
Pero ciertos profesores me confunden y me dicen ya no hables,
Porque lo que sabes tú, no vale en mi aula,
Lo que yo te enseño es lo correcto y entiéndalo o si no te doy
con esta tabla.

¿Qué Asi es la Educación... *continuado*

Que difícil es querer y no poder,

Ayudar a mis maestros y que me ayuden a comprender.

Me dicen mis maestros que diga la verdad,

Pero que inútil cuando saben ellos que los que enseñan para

Mi futuro de la vida muchas veces es pura falsedad.

Así es que díganme ustedes a los que apenas conozco,

Como dar a saber, que soy inteligente, quiero superarme

Y contribuir a la sociedad, pero estos tiempos son muy toscos.

Como dijo, Cesar Chávez "Sí Se Puede"

Como digo yo, "Sí Se Debe"

Como dijo, Presidente Fox, "Sí Se Pudo".

El Estudiante Hispano

Oye amigo, porque me critica de no hablar inglés.
Si viera las circunstancias como en realidad la son,
todo lo que dice, es al revés.
Lo que quiere es hacerme la vida pesada,
para que me desilusione y no llegue a mi meta deseada.
Me recuerda cada ratito de mi acento,
pero es la envidia porque hablo mi idioma
y su idioma, sin duda, en eso le concentro.
Hablo mi idioma con mucho orgullo,
también su idioma y no le ando con barullo.
Pero ya es tiempo de que le den a saber,
de todo lo que ignora y que se vea en un espejo
Para que usted mismo lo pueda entender.
Las personas bajas son las que el buen talento destrozará
y son como las víboras que algún día se arrastrará.
No se porque es necesario indicar detalles,
pero muchas veces se lo merece para que usted se calle.
Mire, ya he analizado el modo de su pensar,
y no dejaré que dañe a mi gente, porque para eso
nunca voy a descansar.

El Estudiante Hispano *continuado*

Fíjese bien que no soy bruto, ni animal incivilizado,

le voy enseñar que soy un hombre educado.

Se que esto se convertirá en una injuria,

si así es, hemos avanzado porque de aquí en adelante,

analizará todo lo que dice, escribe y lo que estudia.

Como dijo, Cesar Chávez "Sí Se Puede"

Como dijo, Raúl S. Monreal, Jr. "Sí Se Debe"

Como dijo, Presidente Fox, "Sí Se Pudo".

Una Gran Maestra: *Rose Duarte*

Voy a tratar de agradecer a una gran maestra
Voy a intentar de describir sus cualidades
Ella tiene un conocimiento amplio del contenido de la materia
Pero su pasión enseña claramente sus habilidades.

Su amor al aprendizaje transmitido a sus estudiantes
El Currículo y estándares usados para abrir mentes
Mientras manteniendo una actitud bondadosa que complementa
Con el deseo de hacer la diferencia a la gente.

El Conocimiento de su disciplina y estar al tanto
Con sus técnicas del manejamiento de la clase
Retando a diario el potencial de sus estudiantes y su destino
Teniendo fe en la importancia de su trabajo que sigue.

Como puede ver la descripción de una gran maestra esta en el poema
Espero describa a la persona especial en mi vida
Rose Duarte es esa gran maestra se los digo en este tema
Soy quien soy porque esta gran maestra termino mi ruina.

Aprendiendo con Propósito

Aprendiendo es un instinto
con un proposito para la mente.
Aprendiendo como obtenerlo
dejando la ignorancia atrás permanente.

Todos nosotros tenemos una necesidad para aprender
desde el conocimiento que nos rodea.
Nomás necesitamos que decidir y entender
de tomar ventaja, haciendo progreso ahora.

Aprendiendo es tan natural
Nutrientes de la mente que no forsas,
dejando que la sabiduría florezca igual
cambiando el curso de nuestra vida futura.

Aprendiendo no se enseña,
necesita ser deseado,
sabiendo donde encontrarla,
luego usarlo cuando es adquirido.

Esperanza

Ninguna persona puede estar sin ella
si la tienes estas bendecido colega,
sin ella, tu eres vacía botella
agregando a tu vida tensión inmensa.

¿Cómo puedes estar seguro
si todos nosotros la tenemos?
La fe es la clave para asegurarlo
y después tu actúas en ella.

Una creencia que esta viviente
expectativa nomás esperando
para poder ser usad en cualquier momento
por la persona que es arriesgado.

Una inspiración digna de busca
de una creencia que esta ahí
la hice mi promesa
por eso es que estoy enterado así.

54 Esperanza *continuado*

Mi esperanza es mi creencia

Yo se lo que se requiere,

entre más la dilato

más tiene el valor que adquiere.

Nuestro Reto

La vida es un reto, pienso que todos nosotros lo sabemos
algunos enfrentamos la realidad, algunos enfrentamos lo desconocido
a la vez a lo ultimo nosotros aprendemos a sobrevivir
cambiando los modos que vivimos nuestras vidas.

Cuando los tiempos son toscos, nosotros culpamos al mundo
Cuando los tiempos son buenos, nos olvidamos del mundo
el dinero es un factor que crea la avaricia
tensión entra a nuestro cuerpo y nos comenzamos a sangrar.

Los tóxicos del cuerpo son muchos, rezones para perder la salud
ni la riqueza te quita el infierno
descuidamos a nuestros cuerpos ignorando la realidad
cuando entramos al pantano nosotros carecemos de la vitalidad.

Con razón, por eso el mundo se voltea contra nosotros
cuando en efecto deberíamos decir, que el problema es de nosotros
culpar hace muy poco para nuestras almas
la verdad es la respuesta, asi que hay que hacerlo nuestro objetivo.

Yo Se Que Podemos

Yo se que podemos, asi es que, no tememos
Las palabras "No podemos" han desaparecido
nuestra mente y espíritu persevera en nosotros
porque las palabras "Si podemos" han llegado.
Asi es que amigos, esto nos dice todo
de cómo nos sentimos se nos ha revelado
Asi que vamos tomándolo de frente para entenderlo
Trata de alcanzar las estrellas
mientras que nuestros sueños están cerca
nunca estarán muy lejos de ellas
si vemos más allá de nuestro miedo.
Asi es que intenta alcanzar y serás tocado
nos gustará como se siente, asi lo espero.
pero no digas a la vez mucho
actúa ahora y estarás satisfecho.
Todos nos sentimos bien
cuando enfrentamos la verdad
y ver el trazado camino
donde estuvimos parados.

58 Yo Se Que Podemos *continuado*

Cuando encontremos la luz

brillando intensamente

donde el tiempo esta correctamente

y los angeles están en tu mira.

Asi es que intenta alcanzar las estrellas

mientras que nuestros sueños están cerca

nunca estarán muy lejos de ellas

si vemos más allá de nuestro miedo.

Asi es que intenta alcanzar y serás tocado

y ver que estas allí

y mantente muy alerta

que el éxito esta dondequiera

que estemos nosotros.

No Te Pongas en mi Camino

Cada ser humano en tierra
nació con destrezas para sobrevivir,
la prueba de la vida vino al nacer
haciendo que el camino este lleno de emociones.

Al crecer nos enfrentamos a conflictos
algunos enfrentamos de frente
algunos usamos anteojos
mientras que otros siguen adelante.

Individuos que son inseguros
lo hacen dificultoso para otros
mientras que otros le sacan la vuelta a las curvas
quedándose enfocados, ignorando todo los basureros.

Si escoges ignorarlo y te quedas
no detengas a los que quieren seguir
quédate enfocado. No te pongas en su lado
alcanza tus sueños y corre.

Mis Ilusiones

Ilusiones todos tenemos,
realizarlas todos queremos
estreses que nos metemos
ver sueños hechos realidad.

Muchas veces nos olvidamos
de los seres a quién amamos
por que nos ilusionamos
las metas que hay que lograr.

Las ilusiones son ambiciones
que nos hacen emprender,
las visiones de un lograr
mis canciones quiero dejar.

Son el fruto de mí pensar
con ustedes quiero alcanzar
para podérselas regalar
canciones para cantar.

62 Mis Ilusiones *continuado*

Hoy dedico esta canción
a mis seres con emoción
no piensen que no los quiero
los prefiero con devoción.

Los respeto por su paciencia
su inteligencia me da conciencia
no hay duda de mi amor
pues tenerlos es gran honor.

La Envidia Nos Habla

Veo lo que ocurre entre nosotros y me entristezco
Veo los que suben e ignoran a los suyos y por eso me enfurezco.
Veo que entre nosotros no hay respeto
Veo una ignorancia que corre por repleto.
Veo que no hay modelos para a quienes educamos,
Veo las ansias de querer serlo pero nos acobardamos.
Veo los que quieren que los suyos los alienten
Veo la raya del destino que la rompe para que a ellos nunca los molesten.
Veo que no saben que nos hacen pelearnos,
Veo que eso nos pasador no ser unidos y no amarnos
Veo que nos faltan pantalones y por eso perdemos nuestra cultura,
Veo que es preferible morir por los derechos que retroceder
por una locura.
Veo que olvidamos de nuestra historia
Veo el escogimiento de la derrota por no forzarnos por eso nunca
llega a la victoria.
Veo que la satisfacción de mi raza es muy poca,
Veo la canija traición que nos enfoca.

64 La Envidia Nos Habla *continuado*

Veo que usamos mucho la retórica,

Veo que debemos ponerla más en práctica y nos sirva de

consejo en una plática.

Veo nuestro tiempo desaparecer,

Veo que eso nos pasa por no revisar la ciencia y naturaleza para

llegarla a conocer.

Veo que la envidia nos presento un retrato,

Veo que ya lo comprendemos y por eso debemos romper

este ingrato contrato.

Veo que analizamos y estamos dispuestos a colaborar y

poner nuestra contribución.

No Solo es Llegar

He aprendido que no todo esta ganar

que a veces es mejor llegar

y trazar ese camino.

He podido valorar la inquietud

por que tiene su virtud

y mi destino lo domino.

Por que así, si te sabe el triunfar

sin tener que abandonar

los principios recibidos

Es bonito cosechar

una buena amistad

y te diga eres fino.

Como dijo: José Alfredo en su canción

que nos llena de emoción

que no hay que llegar primero

lo que vale es llegar

y tu momento mejorar

en este mundo tan certero.

Cuando Bastante es Bastante

La más grande excusa es que no tenemos BASTANTE
tenemos grandes ideas pero las dilatamos
entonces el miedo toma un lugar rara en nuestra raza
ninguna acción es tomada pero si reaccionamos rápidos.

Más de no tener BASTANTE sale a la superficie
creando una bulla y ninguna acción
necesito más dinero es el clamor
pero las emociones carecen la moción.

Cuando BASTANTE no es BASTANTE
cuando tenemos ideas pero no ganas
aunque si la idea fracasa te haces rudo
y ganas la experiencia en este trama.

El modo de sobrevivir en este vicioso ciclo
muévete hacia delante en lo que tengas BASTANTE
luego sigue tus instintos; no crees obstáculos
porque sus acciones lijaran los rasposos lugares.

Me Enamoré de Ti

Me enamoré de ti, de ti
Y no se por que de ti, de ti
Ni por que te escogí
Pero es que tu sentir.
Es bueno y verdadero,
Es por eso que te quiero
A ti, a ti.

Te regalaré todo mi amor,
Te brindaré, también mi calor
Vas a sentir amor bonito
Así conocerás, mi cariño.

Me enamoré de ti, de ti
Y no se por que de ti, de ti
Ni por que te escogí
Pero es que tu sentir.
Es bueno y verdadero,
Es por eso que te quiero
A ti, a ti.

70 Me Enamoré de Ti *continuado*

Te regalaré todo mi amor,

Te brindaré, también mi calor

Vas a sentir amor bonito

Así conocerás, mi cariño.

La Amistad es Posible

Tu mirada apasionada
tus mensajes recibidos
fue notada y captada
y los llevo muy activos.

Guardaste un silencio decisivo
de entregarme un campito
es tan lindo y exclusivo
lo agradezco es bendito.

Al sentir tu lindos brazos amistosos
me llego esa paz que tú me brindas
realizando sueños no fracasos
con la amistad que tú me das.

Con la magia de tus ojos
esa mirada tan cordial
y esos labios lindos y rojos
es antojado primordial.

72 LA AMISTAD ES POSIBLE *continuado*

La amistad de este hombre
a ti mujer que eres leal
y a contigo es costumbre
son de años amiga genial.

Nunca hubo condiciones
simplemente una entrega
agregando nuestro dones
con la fe todo se pega.

Madrecita, Tu Día Especial

Celebremos madrecita tu gran día
como honor a tu dulce canción.
Tú que compartes inmensa alegría
dándome vida y adoración.
El celeste se llena de amores
centellas decoran de luz tu nobleza.
Madre nuestra tu eres mi alteza
porque todos sabemos como eres.
Con las flores de mi jardín te envio fragancia
mi agradecimiento por tantas desveladas.
Cerca de mi cuna, siempre con caricias alagadas
por tu incansable insistencia.
Madre, mujer inmaculada
te mereces el merito divino.
Un consagrado destino
por eso en este dia madrecita estas glorificada.
En tu ventana la adornan diversos
pájaros con distinguidos colores,
Las mañanitas te dedican…

74 Madrecita... *continuado*

juntándose con la naturaleza.

Gratificando tu grandeza

la mañana la deleitan con sus silbidos arrulladores.

Este poema, es nuestro regalo especial,

departe de todos tus familiares.

Abrazándote, como las olas abrazan en sus mares

recordando a tus hijos, madre, madre, mujer ideal.

Mi Familia

Mi esposa adorada y mis hijos queridos,
todo lo que tengo y lo que hago en mi trabajo es por
ellos que me han comprendido.
Mi trabajo exige mucho tiempo y preparación,
pues mi familia entiende que el sacrificio es valioso para
que todos ellos tengan una buena educación.
Soy el hombre más afortunado,
pues tengo a mis seres queridos que me han hecho un hombre educado.
Yo le pido a dios que me los proteja de daño,
porque sin ellos todo se nublara en gran tamaño.
Tengo una mujer educada, linda y compresiva,
que se acopla conmigo y siempre hay una vida activa.
Nuestros hijos son el fruto de los dos,
siempre nos tendrán junto a los dos.
Ojala que nuestra paciencia siga avante,
porque asi tendremos vida y nuestros hijos su educación al instante.

Nuestra Nieta Especial: *Sierra Nicole*

En un día especial de septiembre, nuestra nieta nació
y los nueve meses de espera finalmente termino
una nietecita preciosa se anuncio con grito de llanto, llegue a mi casa
sus padres y abuelos la levantaron en mano con mucho orgullo.

El completo lugar se dió cuenta quién Sierra Nicole fue
por primera vez ella escucho los milagrosos aplausos
ella comenzó a ver y reírse con sus padres y nosotros
Sierra Nicole sintió su gran venida y le gusto lo que causo.

Sierra Nicole y sus padres se fueron del hospital a su hermoso hogar
cuando los padres abrieron la puerta Romeo, el perro dijo
hola con un ladrido
Sierra Nicole sintió la alegría especial, ahora su reino
gustándole su cuarto con ambiente de juguetes como si fuera
un parque especial.

Ahora, Sierra Nicole tiene dos años de edad, ya camina, y
corre por dondequiera

Nuestra Nieta Especial... *continuado*

experimentando los misterios de la vida; sabiendo que ella pertenece
en el hogar de los abuelos conoce nuevos amigos y nuevos trucos
dando abrazos y besos, asi es que ahora su amor es muy fuerte.

Agradecemos a Dios y los ángeles, quien sin duda hicieron su parte
mandando Sierra Nicole, un angel tan especial y bendecido
Nosotros oramos cada día, que nunca estemos separados
porque ella es nuestra felicidad y a nuestro Señor
siempre le agradeceremos.

Sí Se Puede
Poema dedicado a César E. Chávez

Todos respondan en voz alta - ¡Sí Se Puede!

Decían que los de las milpas no merecían los mismos derechos que los demás
Llegó César E. Chávez boicoteando las uvas, cambiando teorías y otras cosas más.
¡Sí Se Puede!

Decían que nunca llegaríamos a la luna
Ya es historia, subieron y bajaron como espuma.
¡Sí Se Puede!

Decían que nunca ascendería un hispano a la gobernatura,
ya lo lograron varios ejecutando las leyes con sabiduría
¡Sí Se Puede!

Decían que no habrá programas para las minorías,
se les voltearon los papeles aquellos de malas teorías.
¡Sí Se Puede!

80 Sí se Puede *continuado*

Decían que siempre nos tendrían abajo,
fue ignorancia tan profunda y aun asi tenemos puestos altos.
¡Sí Se Puede!

No hay nada en este mundo que no se pueda alcanzar,
si nos proponemos lo logramos, hay que vencer para crecer.
¡Sí Se Puede!

Vamos tomando ventaja de la educación que se nos ofrece,
Y veremos cambio en nuestra gente y cada uno de ustedes se lo merece.
¡Sí Se Puede!

Me allegro que comprenden lo que quiero informales,
que seguiremos con nuestras tareas y asi podremos enseñarles.
¡Sí Se Puede!

Parece que preferimos ser justos y esto no nos duele,
a lo contrario, amigos, arriba y adelante porque
Como dijo Cesar Chávez, ¡Sí Se Puede!
Como digo yo, ¡Sí Se Debe!
Como dijo el Presidente Fox ¡Sí Se Pudo!

Lo Que Aprendí Tiene Valor

He causado una herida
y no se alivia
deje a mi familia en el rio
tratando de cruzar en real
creyendo que al otro lado
dejaría atrás mi pobreza.

en mi terruño de nacimiento sufrí
viendo a mis hijos llorar
porque no tenían que comer
por no tener que darles lo que querían
se dormían siempre con hambre
y débiles cuando se iban al trabajo.

Deje mi más amada tierra de nacimiento
mis padres y mis amigos
a cambio de unas cuantas monedas
y abusos de ciertos bandidos
porque ellos no me dejaban
que ganara un salario porque ellos me lo robaban.

84 Lo Que Aprendi... *continuado*

Cual es el proposito de este tormento
si no estoy pidiendo que me den crédito
solamente un honesto trabajo para ganarme
sin tener que quitarle trabajo a nadie
pero siguen con sus burlas
cuando estoy haciendo mi trabajo.

Después de tratar de darle razón
ahora que me siento solo
tu veras un odio en mi mirada
porque otros que eran perezosos
y dejando mucha destrucción
por ser deshonestos y traidores.

Espero que haya aprendido la lección
que el dólar no es todo en nuestras vidas
ahora estoy muy frustrado
y en este lado me siento en una jaula.

La Tierra Llora

Si pudieras asfixiarme, lo intentarías.
Si tuvieras que afrontarme, te callarías,
al final, perderás.

Has cambiado fertileza por conveniencia.
Has dañado mis pulmones con tu imprudencia,
al final, perderás.

¡Ya basta... basta ya!
Mira mi faz, estoy llorando.
¡Ya basta... basta ya!
Que tu crueldad me está matando.

En mi selva los rugidos, te están llamando.
En el canto de mis mares, vuela un mensaje,
al final, perderás.

Has abierto una herida, con tu osadía.
Iniciando el fin del resto, de tus días,
al Final te unirás.

86 La Tierra Llora *continuado*

¡Ya basta... basta ya!

Mira mi faz, estoy llorando.

¡Ya basta... basta ya!

Que tu crueldad me está matando.

La tierra necesita ayuda,

plantemos estrellas,

en vez de mutilar sus maravillas.

Los Corazones de los Hombres Afectan a Muchos

Si quieres cambiar tu vida
puedes levantarte con tus pensamientos
luego tienes que soñar
porque el alto logro trae muchos reconocimientos.

Fama viene cuando actuamos en lo que sabemos
mientras éxitos de otros vienen por lo que hacen
a la vez el éxito viene porque lo que son hoy
y a través de este poema, espero y la suerte llegue a ti.

Busca oportunidades que tengan algo de dificultad
porque cada problema tiene escondido una oportunidad
has que la situación te revele a ti su prosperidad
hombres son ejemplos y ser ejemplo es valuar la creatividad.

El tiempo de la vida, las acciones nos enseña lecciones de la vida
esas cosas que debes de construir de una buena fundación

88 Los Corazones… *continuado*

nuestro trabajo es aceptar las lecciones y valorar a otros

Es dicho que el amor es ciego pero la amistad de dos es la creación.

Difícil

Será difícil, aceptar tu retirada,
No podré, aguantar la soledad
Me impuse, al amor que tu me diste
Hoy, el perder de tu amistad.
Son mentiras, decir que no te extraño.
Si hace un año, que yo quiero a ti volver
Ya verás, lo bueno de ambas vidas
Encontrando, el amor de aquel ayer.
Se que sientes, lo mismo que yo siento
Y presiento, nuestras vidas renacer.
Amado mío, revisa lo que siento
Que el intento, es volvernos a querer.
Ha llegado, el momento anhelado
Que ha plasmado, este lindo amor.
No te dejes, llevar por lo opuesto
Que lo nuestro tiene su valor.
Ahora entiendo lo que habíamos jurado
Con el beso que sello aquel placer
Te admito, que ayer te había fallado
Pero hoy, te prometo todo mi querer.

90 Difícil *continuado*

Se que sientes, lo mismo que yo siento

Y presiento, nuestras vidas renacer

Amado mío, revisa lo que siento

Que el intento, es volvernos a querer

A querer...

Dinero

Dicen que con dinero todo lo puedo,
esto a cierto punto tiene razón.
Aunque la salud viene primero
después amor de un noble corazón.

Muchos nos confundimos con el dinero,
creyendo que compraremos salud y amor.
Tropiezos la vida da al mundo entero,
llorando disilución al no ver control.

El dinero que es ganado es duradero,
se acopla muy a tu vida para disfrutar
contrólalo sin tirarlo en tonterías,
y millonario te sentirás, ya lo verás.

Si tienes fe y gran salud eres muy rico,
disfrutarás la vida en su totalidad.
balanceando el dinero que preferimos,
y nos dará aún más felicidad.

CLARISSA

Clarissa,
Tú eres la belleza
con labios de cereza
me causas tentación.

Clarissa,
Eres mi sorpresa
con delicadeza
creando sensación.

Tú eres,
El ser que he anhelado
me has enamorado
perdiendo la razón.

Dime,
Que me quieres
me gustas como eres
me causas emoción.

94 Clarissa *continuado*

Clarissa,

Tú eres mi alteza

me quitas las tristes

dando tu amor.

Clarissa,

Mi más valiosa pieza

entrégame franqueza

que te quiero con fervor.

Tú eres,

El ser que he anhelado

me has enamorado

perdiendo la razón.

Dime,

Que me quieres

me gustas como eres

me causas emoción.

Soy de Ustedes

Que lindo es subir
con mi gente a mi lado
Que me deja existir
en este ambiente pagado.
Quiero que sepan
que soy de ustedes
y que mi canto
es de sus mercedes.
Me da siempre amistad
Mi público querido
e inmensa lealtad
es que así lo han decidido.
Les debo todo
lo que yo tengo
con sus aplausos
yo me sostengo.
Con mi lenguaje
creo emociones
que ustedes llevan
a mil rincones.

96 Soy de Ustedes *continuado*

El día que falte mi voz

sonando en sus corazones

entonces he de morir

con todas mis canciones.

Les doy las gracias

con mis canciones

rindo homenaje

a sus atenciones

Canto a mi pueblo

que aún me quiere

por eso digo

que soy de ustedes.

Les doy las gracias

con mis canciones

rindo homenaje

a sus atenciones.

Nuestro Ritmo la Cumbia

En un pueblo muy cercano
gustan música escuchar.
Cuando tocan una cumbia
todos sales a bailar.

Lo curioso de ese pueblo
es que todos se conocen.
Bailan cumbias con cualquiera
aunque pasen de las doce.

Todos son fanáticos
bailando una cumbianera.
Todos son fanáticos
con música mera, mera.

Todos son fanáticos
creando una polvadera.
Todos son fanáticos
haciendo una inmensa rueda.

98 Nuestro Ritmo… *continuado*

En el centro se conoce

una pareja singular.

Que baila diferente

con su paso original.

Don Raúl y Doña Aurelia

la pareja indicada.

Cuando bailan cumbianera

la llevan bien marcada.

Sonora y Su Cumbia

La cumbia de Sonora tiene mucha sabrosura
al escuchar la cumbia ellas mueven su cintura
y luego esas chicas nos contagian gran locura
y nosotros los chiflados nos atrapan su hermosura.

La cumbia se baila
la cumbia se escucha
Se goza y se escucha.
Con chica hermosa.
En Sonora la bailan
la cumbia sabrosa
y hasta las divas
enseñan barrigas.

La cumbia de Sonora es un ritmo muy hermoso.
La bailan los golosos y hasta los famosos.
A nadie discrimina la cumbia de Sonora
por eso en los bailes este ritmo es contagioso.

La cumbia es mi ritmo,
un ritmo sabroso.

SONORA Y SU CUMBIA *continuado*

Lo goza hasta el pobre

y es hasta el goloso.

Todos los piden haya en Sonora

y lo baila el que quiere.

Al oírlo atrapa

y agrada el sonido.

La cumbia de Sonora se toca a toda hora.
La cumbia es alegre y a todos los adora.
Contagia la alegría y los hace que sonría
La cumbia Sonorense es el ritmo del día.

Cumbia Sahuaripense

Los Opatas nos dejaron
un terruño muy hermoso
y ellos nos ofrecieron
su sentir maravilloso.

Fundadores ellos se hicieron
de Sahuaripa Sonora,
sus tradiciones nos cautivaron
el que la visita la adora.

Por que, porque dice usted,
por que tiene linda mujeres.
por que por que dice usted
por que tiene linda costumbres.

Por que, por que dice usted,
por que se hacen las amistades.
por que, por que dice usted,
la visitan desde Nogales.

102 Cumbia Sahuaripense *continuado*

Sahuaripa se engalana
con sus fiestas regionales,
a circunvecinos los jala
con sus grupos musicales.

Las modas se ven en la pista
cuando se bailan las cumbias,
los hombres hacen su lista
para escoger sus aventuras.

En Sonora se goza
de sus fiestas regionales,
su gentil gente hermosa
desde Sahuaripa a Nogales.

Con su comidas golosas
con su música y sus mescales.
el bacanora se brinda
entre familia y amistades.

Cumbiando

Oh, oh, oh
Oh, oh, oh, bailalo para mí.

Ando cumbia cumbiando,
bailando, cantando, gritando.
Ando cumbia cumbiando,
gozando este ritmo natural.

Ando cumbia cumbiando,
doblando tu cuerpo bailando.
Ando cumbia cumbiando,
parece que ando volando.

Los invito a cumbiar,
con su pareja y este ritmo natural.
Los invito a cumbiar,
por que bailando se siente a todo dar.

Cumbia, cumbia, cumbiando,
con su pareja y este ritmo natural.

104 Cumbiando *continuado*

Cumbia, cumbia cumbiando,

creando un ambiente a todo dar.

Conquista en Miami

ANDANDO EN VACACIONES
en Miami conocí,
a una Linda cubanita
en el mar donde la vi.

De repente yo le hablé
y le dije mil cositas,
ella a mi me contestó
ay que cosas tan bonitas.

Dime, dime, dime, que ya no te irás.
Dime, dime, dime, que te quedarás.
Dame, dame, dame, dame, una razón.
Dame, dame, dame, dame, tu corazón.

A caminar la invite
para irnos conociendo
de repente la besé
ay que amor tan estupendo.

106 Conquista en Miami *continuado*

Ay papito querendón

me decía con su boquita,

bésame como yo quiero

me pones la piel chinita.

Dime, dime, dime, que me besarás.

Dime, dime, dime, que me amarás.

Dame, dame, dame, dame, todo tu amor.

Dame, dame, dame, dame, rica sensación.

Dime, dime, dime, que ya no te irás.

Dime, dime, dime, que te quedarás.

Dame, dame, dame, dame, una razón.

Dame, dame, dame, dame, tu corazón.

Ritmo Ajustadito

SALGAN TODOS A BAILAR
Este ritmo ajustadito
Se baila muy movidito
Y lo siente bien bonito.

Den un paso para enfrente
Su pareja para atrás
Tómela de la cintura
Y no pierdan los compas.

Sacúdanse pa' todos lados
Dense una vueltecita,
Terminando frente a frente
Dándose una apretadita.

Enseñen toda su sonrisa
Para volver a empezar.
Que el ambiente esta sabroso
Y lo va contagiar.

Noemi

Te invito a bailar Noemí
juntos tu y yo a celebrar.
Hasta te prometí
un ambiente a todo dar.

Con Noemí bailaré
ritmos de muchas regiones.
Hasta por cierto canté
canciones de todos sabores.

Bailaremos una Quebradita
bailaremos una Rancherita
bailaremos un Cumbia
y una que otra Norteñita.

Bailaremos una Rumba
bailaremos una Salsa
bailaremos un Mambito
y una más, más pegadito

110 Noemi *continuado*

Bailaremos una Quebradita

bailaremos una Rancherita

bailaremos un Cumbia

y una que otra Norteñita

Bailaremos una Rumba

bailaremos una Salsa

bailaremos un Mambito

y una más, más pegadito

Sombra Perdida

Yo soy
la sombra perdida,
un alma herida
en tu corazón.
Yo soy
un objeto olvidado,
un retrato trazado
que te causó emoción.
Que lastima,
querer sin ser querido,
echándolo al olvido,
sin merecer.
La vida,
siempre se repite,
cualquier desquite,
de un falso placer.
El desprecio,
cosecha su sombra,
a veces asombra,
al mismo ser.

112 Sombra Perdida *continuado*

No olvides,

te llegó tu turno,

tu golpe profundo,

lo hay que entender.

Y ahora,

tu alma llora,

te llegó tu hora,

y no puedes creer.

Feliz Navidad y un Divino Año Nuevo

El mes de diciembre comenzó
y un pacifico viento nos abraza
recordándonos del amor de Dios que nos dio
la tierra en lugares esta cubierta con nieve blanca y pura
en todo el mundo todos los seres humanos se dan presentes con placer
el momento anuncia el nacimiento de un santo, santificada criatura
la estrella norte brilla y ilumina a todos nosotros
una indicación que Dios nos enseña del buen camino tomar
viste la noche con diamantes usando las estrellas del cielo
con los colores que nos calienta como el rojo carbón
vamos dando gracias, para que nuestras familias favorezcan
de buena salud
y que la comida sea siempre abundante en sus mesas de cada hogar.
usted a liberado a nosotros de el trabajo que se vuelve esclavitud
yo estoy pidiendo a Dios que nos otorgue mas que un deseo
que El continué protegiéndonos y educándonos
para que podamos entendernos cuando lo anhelemos
Señor protege a los niños pobres de las injusticias del mundo

114 FELIZ NAVIDAD... *continuado*

de esta manera la navidad llenara a cada uno de felicidad

y cada segundo infinito

como ser humano debemos amarnos el uno con el otro

Feliz navidad y un divino año nuevo para todos.

De esta manera la Navidad llenará a todos de felicidad

cada infinito segundo

Como seres humanos debemos amarnos cada uno

Feliz Navidad y un Divino Año Nuevo para todos.

Por Favor

Por favor, decídete
es necesario saber
si aceptaste mi querer,
o lo echaste a perder.

Por favor, acercate a mí
ya no puedo aguantar
pues te quiero yo amar
hasta el final.

Tú eres la razón de mí existir
no lo voy a negar,
cada día aumenta más
el sentir de tu amor.

Ya vez nuestro amor es realidad
me estoy hundiendo de verdad
me has dado la bondad
del amor que yo encontré.

116 Por Favor *continuado*

Tu eres la razón de mi existir

no lo voy a negar,

cada día aumenta más

el sentir de tu amor.

Ya vez nuestro amor es realidad

me estoy hundiendo de verdad

me has dado la bondad

del amor que yo soñé.

Me encuentro solo

Me encuentro solo
Perdí mi amor.
Con este vino
me da valor.

Querido amigo
que hice mal
mi alma llora
sin ella es fatal.

Le di de mí
lo que quería
no la sentí
y yo sufría
sin ella soy
un vagabundo nomás.

Refleja ya
no seas tan tonto
que no vendrá

118 Me Encuentro Solo *continuado*

ni hoy ni pronto

deja ya el vino

que el así comprenderá.

El vicio malo

me confundió

hoy ya no bebo

ni así volvió.

Ya ven mis compas

lo que pasó

perdí a mi novia

por andar tomando alcohol.

Cerca Esta la Unidad

Cerca esta la unidad
recordando noche buena
de toda aquella amistad
en la playa muy serena.

La luna cubrió a los dos
nos decíamos cosas bellas
escuche su linda voz
bajo todas las estrellas.

Noche buena, noche buena
cuando recuerdo esa noche buena
estar juntos como ayer
en una luna plena.

Noche buena, noche buena
tus canciones de ambiente buena
me resaltan las emociones
creando un ambiente amena.

CERCA ESTA LA UNIDAD *continuado*

Estamos juntos mi amor

no vamos a separarnos

necesitamos los dos

del calor que ahora nos damos.

Salí a Estados Unidos

Salí a Estados Unidos
en busca de buen trabajo
allá están mis amigos
que traen un buen agasajo.

No te dejes engañar
que lo que dicen no es cierto
no creas que todo es pasear
más se asemeja al desierto.

La vida no es como dicen
es dura y el alma cansa
los jefes todo prometen
pero al pagar son más lanzas.

La vida es una rutina
el trabajo aquí es muy duro
del trabajo a la cantina
a recordar mi terruño.

122 SALÍ A ESTADOS UNIDOS *continuado*

Ya me voy a visitar

a mi familia querida.

Tengo mucho que contarle

a la que me dio la vida.

Compañeros me despido

creo que fui profundo

quise desahogarme un poco

quise encontrar a mi mundo

Amor Anhelado

En mi juventud
pensé en el amor
Crecí creyendo en el
con mucha emoción.

De pronto amor llegó
sin darme explicación.
Luegito lo sentí
causando sensación.

Mi mente se opaco
de tanta alegría.
Mi cuerpo lo sintió
con plena energía.

Que bello es el amor
cuando toca el alma
Te llena de humor
creando inmensa calma.

124 Amor Anhelado *continuado*

Me siento enamorado

con mi otra mitad

pues he encontrado

mi felicidad.

El que ama agrega

al amor hay que esperar

porque cuando llega

te vas enamorar.

Me Quiere a Mi

Desde que la vi.
sentí su palpitar
tras de ella fui
pero no pude llegar.

La volví a ver
en un festival
acompañada de él
que es mi rival.

Pero insisto
que está convencida
cuando me mira
se ve decidida

Pero insisto
que está convencida
que me quiere
a mi, solo a mi.

126 ME QUIERE A MI *continuado*

Por tercera vez
caminando yo la vi
ella fue hacia mi
la abrasé y la besé.

Y le pregunté
por que lo elegiste a él
sin mirarme contestó
a ti nunca te fui infiel.

Dime mi Vida

Estoy inspirado
amándote a ti
Me siento amado
acércate a mí.
Tú has aceptado
el amor que te di.
Eres mi agrado
pues ya te sentí.
Dime mi vida
que me quieres a mí.
Dime mi cielo
contigo es vivir.
Dime mi amor
que no te vas a ir.
Dime en mi pecho
mi lecho esta aquí.
Pues ha llegado
el amor de verdad
Yo a tu lado
encuentro felicidad.

128 DIME MI VIDA *continuado*

Gracias mi vida

ya no hay soledad.

Gracias cariño

todo es realidad.

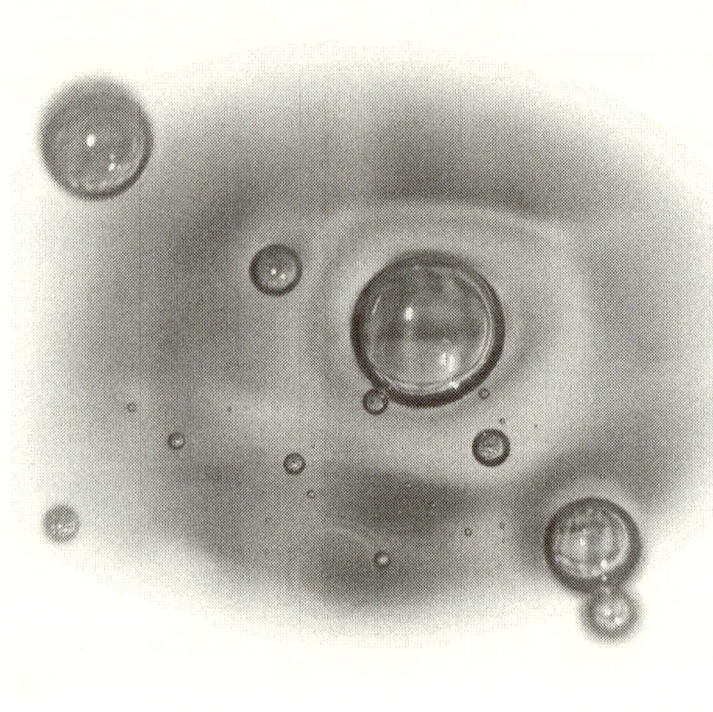

Buscando Amor

Si tu andas buscando amor
no tienes que ver muy lejos
Estoy aquí, aquí, para ti.

Tu sentirás tu corazón latir
al tono de algo dulce
con el amor que te hace completa.

Tu nunca te arrepentirás
si tu dices mi amor, sí
porque estaré ahí cuando lo pidas.

Asi que mi cariño di sí, sí, sí
siéntelo y se lo que significa
tu eres the que naciste únicamente para mi.

Si tu estas buscando un amor
no tienes que ver muy lejos
yo estoy aquí, aquí, aquí para ti.

132 BUSCANDO AMOR *continuado*

Tu sentirás tu corazón latir

al tono de algo dulce

con el amor que te hace completa.

Soñando Con tu Querer

Quisiera decirte amor,
Te quiero.
Volver a escuchar tu voz,
Mi cielo.
probar tus rojos labios de sabor
sentir tu cuerpo en calor,
brindándote todo mi amor
te espero
Anoche soné en tu querer
Junto a ti mi ser.
En un gran atardecer
Fue sueno de placer.
Quisiera que fuera realidad
Quebrantando esta soledad.
Con tu plena honestidad
Me llenas de felicidad.
Quisiera decirte amor,
Te quiero
Volver a escuchar tu voz, mi cielo

134 Soñando con tu Querer *continuado*

Probar tus rojos labios de sabor

Sentir tu cuerpo en calor

Brindándote todo mi amor,

Te espero.

Quiero Que Me Quieras Tu

Yo quiero que me quieras tú

Como yo te quiero a ti

No quiero escuchar un no

Porque me voy a morir.

Yo quiero que me quieras tu

Sin ninguna condición.

Entonces sentirás amor

Y una linda sensación.

Quiero que me quieras

Como yo te quiero

Y como yo te quiero

Quiero que me quieras.

Que me quieras tú

Es lo que yo quiero

Y lo que quiero

Es que tú me quieras.

136 Quiero Que Me... *continuado*

Yo quiero que me quieras tú

Como yo te quiero a ti

Yo quiero que me quieras tú

Te lo voy a insistir.

Yo quiero que me quieras tú

Siento gran emoción

No puedo vivir sin ti

Eres toda mi ilusión

No es Fácil Decir Te Quiero

Decir te quiero, amor
no es fácil decir,
hay miedo al pronunciar
o temor al rechazarme
a mi, a mi, a mi, amor.
Le temo a ese dolor
por no querer sufrir
prefiero estar callado
y seguir enamorado
de ti, de ti, de ti, amor.
Quisiera ser feliz
estar juntito a ti
viviendo solo tu
y yo en la virtud
gozándola contigo, amor.
Espero la ilusión
que un día tu o yo
se digan con razón
te quiero al corazón
y amarnos los dos, amor.

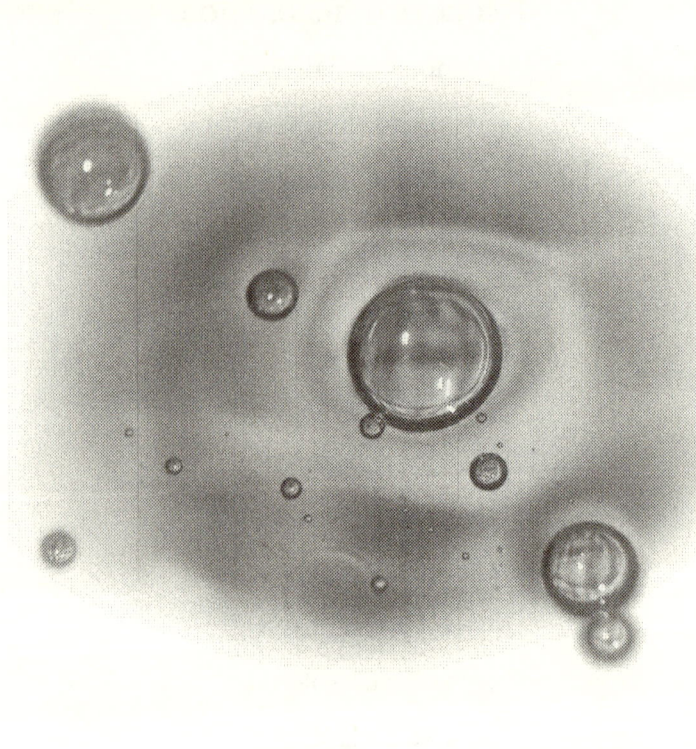

Perdí a Mi Valiosa Familia

Me he causado una herida
y no se ha curado
yo he dejado a mi familia en el rio
para intentar cruzarlo
creyendo que al otro lado
siendo pobre será olvidado.

En mi pueblo hemos sufrido
cuando vimos a nuestros hijos llorar
porque me pedian comida
que yo no les pude dar
se fueron a dormir con hambre
y se despiertan débiles para ir a trabajar.

Deje mi apreciada tierra
mis padres y mis amigos
a cambiarlos por algunas monedas.
Los abusos de esos bandidos eran constantes,
no me dejaban que me alcanzara
el diario, porque me robaban.

140 Perdí a mi Valiosa Familia *continuado*

¿A que se debe este tormento?
Si no estoy pidiendo nada gratuito
ando buscando trabajos que sean honrados
sin abusar o sin quitarle trabajos a nadie.
Pero continúan los chistes a mi alrededor
cuando yo trataba de hacer trabajos honestos.

Ahora que he razonado
siento que estoy solo
pueden ver el odio en mis ojos
porque otros fueron muy flojos
dejando atrás innecesario dolor
por ser deshonestos y aborasados.

Espero que haya aprendido de esta lección
que el dólar no es todo en la vida.
Mi familia es más importante
en lugar de dar ignorando sus vidas
Ahora, estoy muy frustrado.

Un Son Alegre

Aquí les brindo amigos
Este muy alegre son
Con este gran mariachi
Interpretando su canción.

El mariachi nos alegra
Y nos llega al corazón
Recordando a nuestro patria
Prepárense para cantar.

Échense un grito amigo
Que salga con emoción
Para revivir el alma
Unidos con mi canción.

Mariachi, mariachi, mariachi
Símbolo de mi nación
Con su traje de charro
Orgullo de mi región

142 Un Son alegre *continuado*

Cantar canciones del pueblo
dedicada a la mujer
a nuestro símbolo bello
con amor hay que tener.

Demos comienzo a la fiesta
Que hay mucho que celebrar
Si están todos alegres
Prepárense para cantar.

Que se sigan divirtiendo
Pásenla sensacional
Me despido hoy de ustedes
Con este mariachi sin igual.

Te Lo Dije

PRECISAMENTE TE LO DIJE
que nuestro amor si puede ser.
Eres el agua de mi vida
y al no tenerte causa sed.

Es necesario tu contacto
Para un buen amanecer.
Yo necesito de tu tacto
para que el amor pueda nacer.

Tu eres la luz del mediodía,
que borra sombra y oscuridad.
Me brindas mucha alegría
causando en mi felicidad.

Es necesario tu contacto
Para un buen amanecer.
Yo necesito de tu tacto
para que el amor pueda nacer.

144 Te Lo Dije *continuado*

Tu eres la luz del mediodía,
que borra sombra y oscuridad.
Me brindas mucha alegría
causando en mi felicidad.

Espero que hayas comprendido
que nuestro ser a reconocido
Pues mi alma has conmovido
por eso, se enamoró.

En Arizona Se Han Equivocado

Cruce frontera, no estoy documentado
Deje familia, por causa de dinero
También el hambre, a mi me a forzado
A trabajar con sueldos engañados.

No quise dejar, a mi terruño
Menos dejar, a mi familia
Hasta el coyote, a mi me abusado
Quitándome, lo que yo he guardado.

En Arizona me odia mucha gente
Porque hago los trabajos mal pagados
Y en mi sueldo me quitan suficiente
Dinero según para impuestos.

Les aseguro que conmigo todos han ganado
El gobierno, notarios, abogados
Y como les falta a muchos pantalones
Como excusa usaron el voto en elecciones.

146 En Arizona... *continuado*

La Ley Doscientos, se aprobado
Los ciudadanos trabajar para la migra
Si necesito un tipo de asistencia
me denuncia aquel que no me ha entregado.

Quiero que sepan que cuando uso beneficios
Es que en mi caso ya los he pagado
En mi salario esta bien documentado
Pero los traicioneros me tienen bien callado.

Mujer Bella

El sol se ocultó
ya salió la luna.
Brilla una estrella
como ninguna.
Es que es muy bella
esa linda estrella.
En el firmamento
esa luz es ella.
Estrella de mujer
por tu amor me muero.
Quererte a ti mi ser
hazme tu dueño.
Liadísima mujer
me desespero.
Por quererte querer
soy fiel pero te espero.
Llego esa mujer
la cual yo sueño.
Deseándola tal vez
con mucho empeño.

148 MUJER BELLA *continuado*

Siguiendo terquedad

por amarla de verdad.

Por que ella todo es

mi felicidad.

Bonito Sentimiento

Siento mariposas muy adentro
es tu magnetismo que yo siento.
Este es el tiempo que presiento,
ahora sólo sé, que al fin, te encuentro.

Tengo un bonito sentimiento,
tu calor de cuerpo que yo siento.
Estando junto a mí estoy contento,
más tu esencia, es mi complemento.

Qué maravilla es,
que al fin ya te encontré
y que no volveré
a perderte.

Qué maravilla es,
que no te dejaré
y siempre te amaré
eternamente.

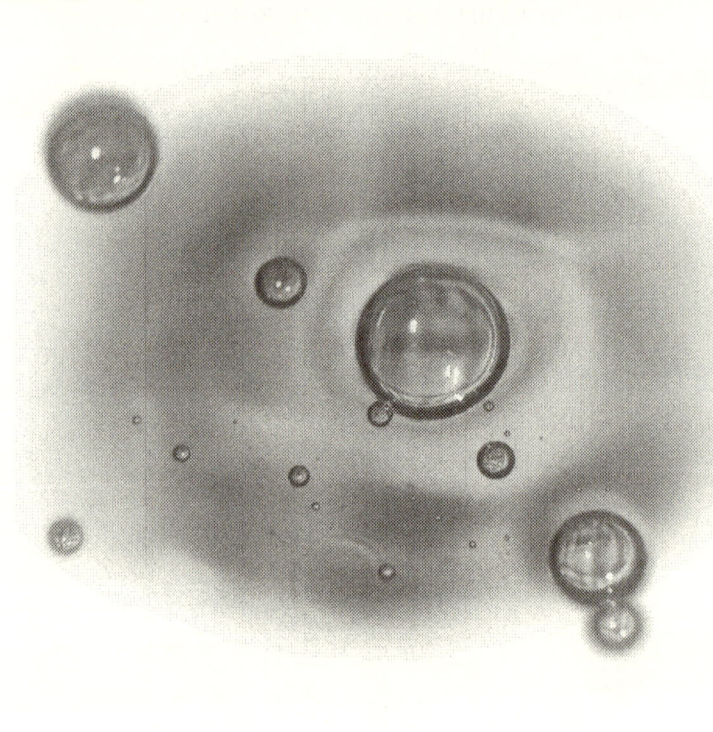

Embriagada Ilusión

No puedo fingirte más
porque estoy enamorado de ti,
ya no puedo resistir
ni te puedo ya mentir,
ni las copas me la evitan.

Borracha mí ilusión,
que traiciona al corazón
y derrama aquí en mí alma,
no es perfecto el corazón
ni tampoco esa ilusión,
de quién te ama.

No puedo vivir sin ti
tu amistad a mí me embriaga,
es bonito tu sentir
porque puedo convivir
con la dama que me ama.

Borracha mi ilusión
ya vez que hay razón

152 Embriagada Ilusión *continuado*

pues se supo el sentimiento,

realizaste mi ilusión

y me diste mi ambición

y estoy contento

No puedo vivir sin ti

tu amistad a mi me embriaga,

es bonito tu sentir

porque puedo convivir

con la dama que me ama.

Apenas Te Conozco

Apenas te conozco y ya te siento mía
tu anatomía me conmueve sinsesar
tu linda mirada penetró hasta mí alma
causando un lindo impacto en mí corazón.

Deja, deja, deja, no le niegues a tu vida
toda la alegría que aspira tu corazón
respira el aire puro que tu alma a ti te brinda
y sigue tu destino llenándolo de amor.
Así es como se nace el cariño de una rosa
pues eres tan hermosa que me causas sensación
de tenerte entre mis brazos y darte muchos besos
ahí entre los cerezos, declararte, todito mi amor.

Ya vez que si era cierto que las dos chispas creamos
aquella bella noche que me diste en tu mirar
y aquel suspiro mío siguió su aventura
sabiendo que tu fruta la tendría que probar.

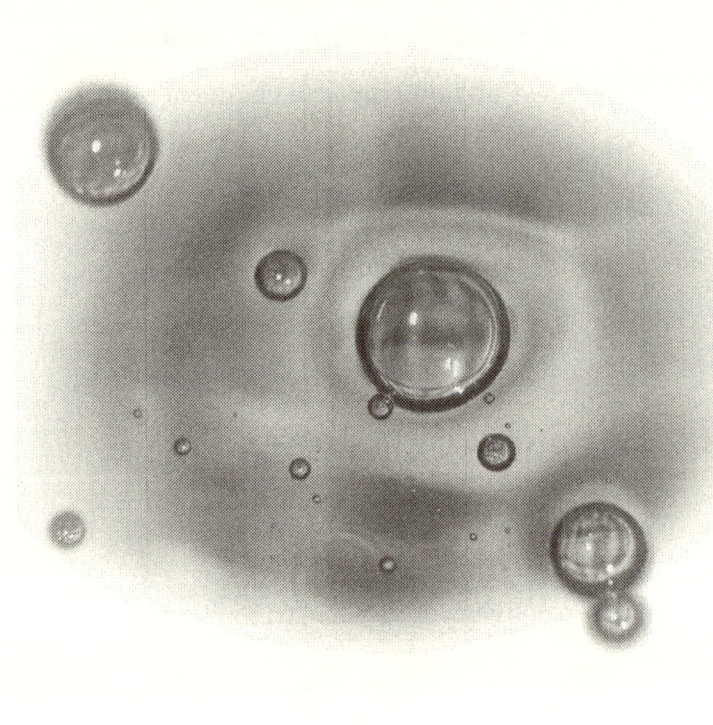

Que Suerte tienen los Feos

La sociedad no los soporta
A los hombres que están feos
Cuando ellos van a bailes
Los sangrones se burlan de ellos.

Pero pasa algo muy raro
Que a su lado siempre tienen
Unas nenas bien bonitas
Lindas, flaca y gordito.

Feos, feos tan suertudos
No nos quiten a las nenas
Dejen unas pa' los guapos
No se apoderen de todas ellas.

Feos, feos tan golosos
Hoy abundan dondequiera
Se aparecen en las calles
Y los veos en la disquera.

156 Que Suerte Tienen... *continuado*

Ahora todo el mundo

Los soporta y los respeta

Y el feo se desquita

Con el guapo de etiquita.

Hoy aprendan esta historia

Que todos somos feos

Lo que cuenta es la lección

Lo de adentro hará memoria.

Bailen Todos

Toda esta noche
vamos a bailar
agarren su pareja
no se hagan del rogar.

El ritmo pegajoso
que ya empezó a sonar
tu cuerpo tan sabroso
comienza a vibrar.

Mis ojos también bailan
al verte a ti bailar
los pies se me resbalan
no lo puedo evitar.

Moviendo todo el cuerpo
con mucha emoción
no se les olvide
bailar esta canción.

158 Bailen Todos *continuado*

Bailen, bailen

muevan su cadera

nadie, nadie

se quede afuera.

Bailen, bailen

hasta con la suegra

nadie, nadie

se quede afuera.

Traigo Country en Mi Sangre

Country esta en mi sangre
música en mi alma
todo lo que necesito es amor
para hacer mi vida entera, baby
¿Por qué no bailas country conmigo, babe?

Country esta en mi sangre
Rodeo es mi trabajo
no este confuso
y pienses que no me importa, baby.
Es tu amor, babe.

Eres tu, tu, a la que estimo
tu, tu, a la que quiero más
tu, tu, a la que deseo
Tu eres para mi, yo soy para ti
Sí, nuestro amor es verdadero.

Country esta en mi sangre
música en mi alma

Traigo Country... *continuado*

todo lo que necesito es amor

para hacer mi vida entera, baby.

¿Por qué no bailas country conmigo, babe?

Country esta en mi sangre

Rodeo es mi trabajo

no este confuso

y pienses que no me importa, baby.

Es tu amor, babe.

Eres tú, tu, a la que estimo

tu, tu, a la que quiero más

tu, tu, a la que deseo

Tu eres para mi, yo soy para ti

Sí, nuestro amor es verdadero.

Tu eres para mi, yo soy para ti

Sí, nuestro amor es verdadero.

Tu eres para mi, yo soy para ti

Sí, nuestro amor es verdadero.

Mala Noche

Ayer fuiste en busca del placer,
diciendo que fue con amigos.
Ahora me entere
que fuiste al baile
asi es que no me mientas;
no finjas nuestro.
Todos hablan de esa noche
que bailaste todo el tiempo
con todos que te lo pidieron,
y te fuiste a pasar la noche
con el líder del grupo.
¿Por qué hiciste eso?
si yo te di todo el amor que querías.
pero tu decidiste a escoger tu terreno
y ahora todo lo maravilloso dado esta perdido
te voy a dejar
sin decirte un buen adiós
para que tu sientas la codicia de tu amar.

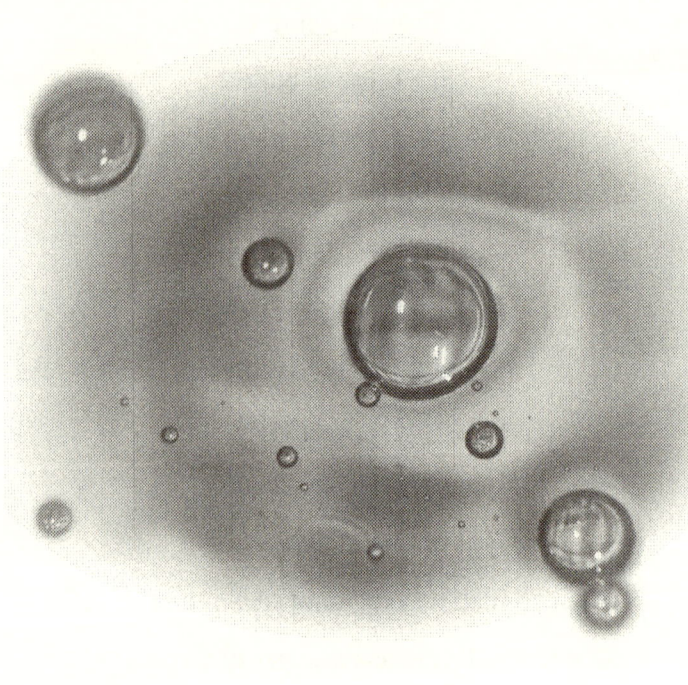

Mi Propia Gente

Que bonita la gente unida,
siempre tendrán su misión cumplida.
La gente gustosa para ayudar
con cualquier problema para derrotar.
Pero veremos la otra cara,
descubriendo porque la vida nos destrozara.
Gente que no hace la oportunidad de
mezclarse con los suyos,
es la gente que ignora la verdad y los orgullos.
Es la gente que no se preocupa por la
educación de la juventud,
Es la gente que aunque no quiera aceptar
pone a la generación de la mañana en la esclavitud.
No amigo, ese no es el camino fijo,
el camino ideal es donde nos amamos,
como hermanos porque el otro camino es un destrosijo.
Asi es que ya se nota la solución de este problema
para que nos unamos como el café se une con la crema.

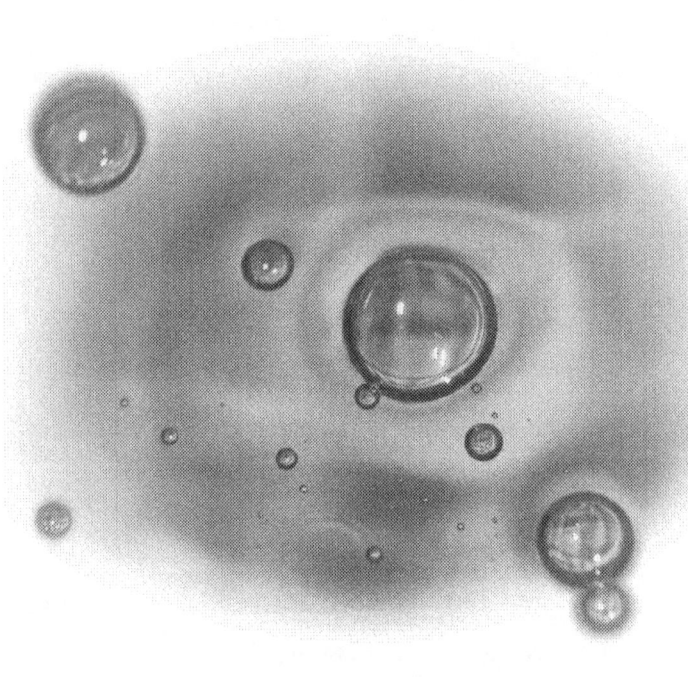

Servicio Comunitario
Voluntarisimo

El modo de obtener un sentido de auto valor
uno debe de ser digno de las cosas con pasión.
Esto es hecho adoptando un sentido de comunidad
limpiando nuestras vecindades y buscando solución.

No acto de bondad, no importa que tan pequeño
ha sido tirado, a la vez mucho es alcanzado
he aprendido en temprana edad nomás sigue tu voz interna
recibe una parte igual de complemento cuando uno da.

Ayuda a dejar el mundo mejor de cuando llegaste a el
No hay que estar satisfecho con el uso de la retórica
La retórica no es bastante, dando es el recurso de la sociedad
corre la voz, da dondequiera que vayas, y hazlo histórico.

Algún día usted pueda encontrar un ideal Trabajo y lo harás por menos
si tienes suerte y encuentras tu vocación, tu quiza lo hagas gratis
por la razón
reúnete y haz servicio comunitario y serás bendecido por siempre
ahora ya lo sabes que ser voluntario es una valida pasión.

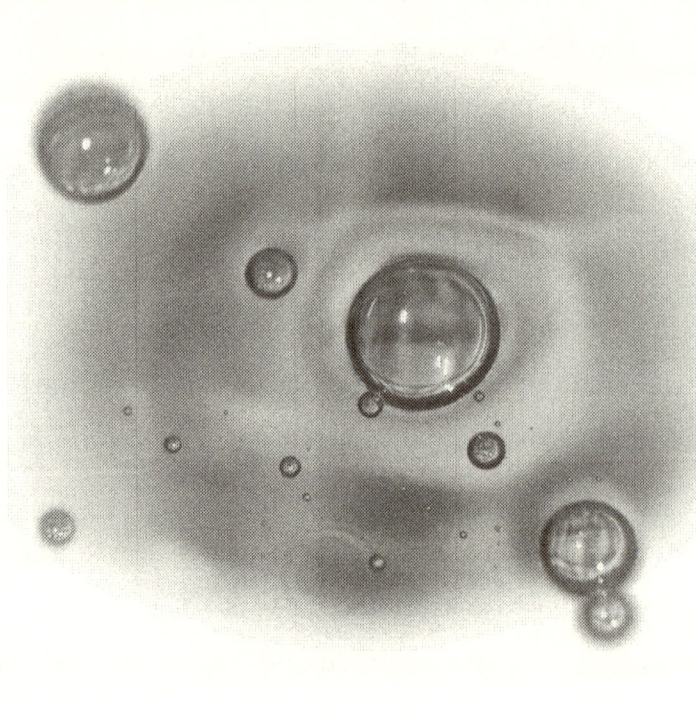

El Relámpago de Agua Prieta

En la frontera señores,
celebraron gran carrera
Rafael Romero aceptó
que su Relámpago corriera,
con Chiltepin de Arizona
de Pinedo era esa fiera.
La autoridad Americana
sugirió que ambos corrieran,
los dos en patria natal
a lado de su frontera
el Chiltepin de Arizona,
y el relámpago de Sonora.
Año cincuenta y ocho
Pinedo citó a Romero
en esa Copa cabaña
para detallar lo del duelo
ya que ambos caballos
les negaron suelo ajeno.
Se organizó gran carrera

El Relámpago… *continuado*

internacional señores

y se vendieron boletos

en cercanías regiones

en dos distintos países.

Se apostaron los millones

al escuchar el santiago

los caballos iban entrados

dicen que fue muy reñida

sin duda buena corrida

aunque el Chiltepin luchó

el Relámpago le ganó.

Brindo con este corrido

a Leonardo Yánez "El Nano"

compositor del corrido

"El Moro de Cumpas" hermanos

Raúl Monreal felicita

y a Romero se lo dedico.

Aquí se acaba el corrido

esperando haya gustado

de una carrera famosa

dando memoria al pasado

del Chiltepin de Arizona

El Relámpago de Sonora.

Di Que Sí

Eres tú, la nena, que me gusta,
que me gusta, de a montón.
Nomás pensar en ti
se me excita el corazón.

Desde que te vi.
me gustaste tú a mí.
Ahora solo pido
que me digas tú sentir.

Di qué sí, di qué sí
que me quieres tú a mí.
Di qué sí, di qué sí
que me quieres tú a mí.

Yo por mí, yo por mí
te digo hoy que sí
Tu eres esa nena
que quiero para mí.

170 Di Que Sí *continuado*

Eres tú, la nena, que me gusta,

que me gusta, de a montón.

Nomás pensar en ti

se me excita el corazón.

Desde que te vi

me gustaste tú a mí.

Ahora te lo pido

que me digas tú sentir.

Di que si, di que si

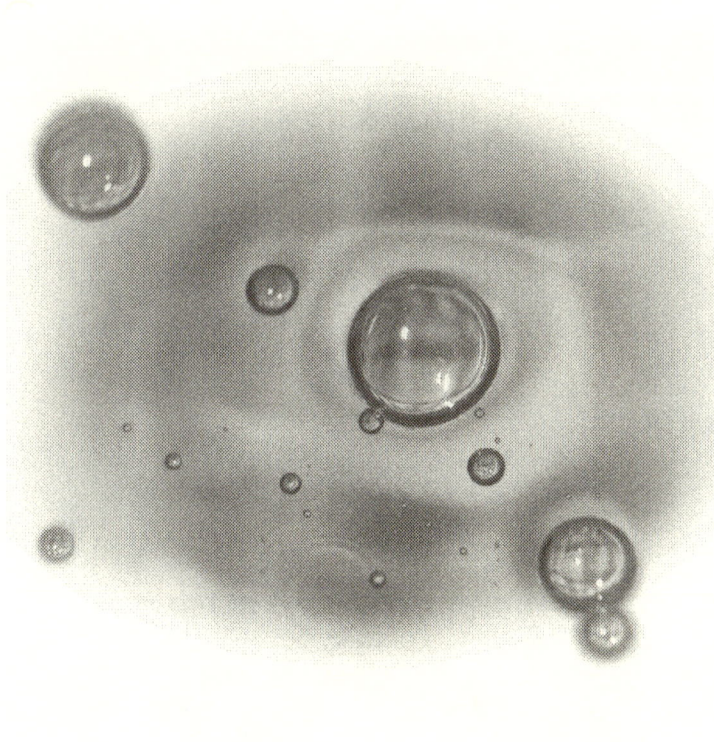

La Campana

Yo como campana ya estaba designada,
de llegar a la escuela Frank en Guadalupe
y ponerme en dos pilares bien acompañada.
Al jalar este cordón se oye un sonido sonoro
despertando al pueblo entero para decirnos
que el dia comienza y los adoro.
Nosotros como padres escuchamos ese eco
que retumba a nuestra memoria,
que idolatra los antepasados recordando nuestra historia.
Mándenme a sus hijos que son mis estudiantes
porque de esta escuela serán los lideres del mañana
e inteligentes colegiantes.
A nosotros como parientes nos recuerda
la educación de nuestro ayer.
Pues se nota que hay un movimiento de educadores
que quieren que nuestros hijos aprendan a leer.
Asi es que, como despertadora formal,
les ofrezco siempre esta cariñosa señal.

El Niño Chiclero

Yo soy ese niño chiclero
que encontró el hoyo en cerco
que me abrió mi camino
en un país haciendo la diferencia.

Ahora mi conocimiento se ha hecho amplio
con experiencias vivas
y no darme por vencido
en un ambiente desconocido.

Creando puentes para aquellos que sigan
creando oportunidades siguiendo las guías
olvidando el dolor y tristeza
permitiendo que nuestra gente crea.

El ha se ha dado cuenta de sus sacrificios
aquellos quienes quieran el éxito
para alcanzar sus objetivos
permitiendo que las cosas sigan.

El Niño Chiclero *continuado*

Por las nuevas generaciones que quiero
dejo mis huellas para el mañana
quiero que sepan que soy atrevido
limpiaré el camino para quienes me sigan.

Obviamente ese es la meta
abrir todas las puertas
para que los niños no sufran
dejando afuera el remordimiento.

Las oportunidades llegarán
dejando que la minoria tenga éxito para el resto
que de un modo u otro
tomando ventaja de la educación es lo mejor.

Proveer trabajo aquellos que perduren
dejando su éxito todos los demás
para aquellos que quieren
mientras que nuestra raza alcanza su sima.

El Primer Beso

El primer beso que nos dimos,
se me grabó en el corazón.
Recuerdo bien lo que dijimos,
amarnos con gran devoción.

El grato tiempo que pasamos
encariño mí corazón.
Por eso los dos sentimos
el amor de la ilusión.

En poco tiempo conocimos
la verdad de la unidad.
y mi sueño realizado
ahora hay felicidad.
Seguimos ambos disfrutando
del amor que dos se dan
y sigue aumentando
el amor y honestidad

El Gordito

Conocí a un gordito
con su novia bien delgada,
cuando bailan despacito
todos echan su mirada.

Mucha gente comentaba
se gordo baila solo,
es corbata la que trae
no, no, no es Paula y Polo

Con el alimento
e siento contento,
más con esta dieta
el apetito me despierta.

Con el alimento
e siento contento,
más con esta dieta
el apetito me despierta.

180 El Gordito *continuado*

Se pone en dieta ese gordo
su mujer ahora aumenta,
la gordura es un estorbo
ahora si se da más cuenta.

Esta historia tiene fin
la pareja es un sueño,
comentó el señor Martín
no, no, no el gordo es Meño.

La Hora Llegó

Yo soy poeta e intento hacerlo,
con sentimiento para complacerlo.
El juego de esperar para nosotros como minoría
ha sido un sueño.
Pero la hora ha llegado de romper con este
cordón sin fin y sin risueño.
Para darnos la justicia que merecemos,
pues es el único modo para esta nación donde nos conservaremos.
Trátame bien amigo y yo también te tratare.
No quiero el poder, simplemente quiero ayudarte,
para que aprendas mi hermosa lengua y cultura,
igualmente como yo aprendí a hablarla y por escritura.
Ayúdanos a desenvolvernos,
que unidos pronto progresaremos.
La tierra de mis bisabuelos es ahora también de ustedes,
por un simple error que hasta la fecha no lo admitieres.
Pero lo hecho, hecho esta
asi es que, hay que concentrarnos en el presente
y en nuestra honestidad.
Vamos siendo humanos que Dios asi lo quiere,

182 La Hora LLego *continuado*

para destruir este infierno que nadie lo prefiere.

La educación que me he ganado

aunque ayuda tuve por todos lados.

Será puesto a buen uso,

para aceptar lo que nos pertenece sin ningún abuso.

Dejame que me desenvuelva,

te aseguro que no te daré ninguna huelga,

Comprende que el daño ya causado, ya fue olvidado

pero si quieres puede ser recordado.

A Mi Abuelita

Ahora yo quiero pagar tribute a mi Abuelita, Paz Barrón
que dio vida a mi madre y a sus hermanas, con una buena razón
brindemos por ella que ahora nos ve desde cielo
desde ahí nos manda su protección y bendiciones con lamento
ella nos ve a cada día, deseándonos que nos unamos
y que nos queramos uno a otro en armonía
que continuemos cada uno de nosotros con nuestras obligaciones
que desde aquí, nuestro Señor y yo los guiaremos sin condición
Ahora quiero que cada uno de ustedes se abrase
es el camino que les he trazado a ustedes
celebren mis hijos como si yo estuviera ahí hoy con ustedes
Porque sus amistades quebrantaran cualquier pared como barrera.

Creamos Gran Fogata

El día que nos vimos
creamos gran fogata
el beso que nos dimos
aumento nuestro calor.
El frió desde afuera
lucia un blanco puro
que estaba tan seguro
que crecía nuestro amor.
Apenas hoy me explico
el sentir de los abrazos,
a través de largos pasos
seguí tu buen sentir.
Prefiero tu frescura
aunque ya es una locura
eres mi hermosura
y en ti quiero existir.
(Gran fogata, gran fogata)
La noche que pasamos
juntos en la alumbrada
nos enamoramos

186 Creamos Gran Fogata *continuado*

perdiendo la razón.

Te juro que te quiero

amor de mis entrañas

pues se que hoy lo puedo

todo conquistar.

Cuando Te Veo

Cuando te veo
yo te deseo,
es que yo quiero
que estés aquí.
Junto conmigo
pues soy tu amigo
y el motivo
de mi existir.
Me recordaste
de aquel momento
que nos amamos
tú a mi, yo a ti.
Es bien bonito
mi cariñito
de estar solito
junto yo a ti.
Ya vez mi vida
Que no es mentira
A lo contrario
Es puro amor.

188 Cuando te Veo *continuado*

Por que lo nuestro

Te lo demuestro

Con gran respeto

Y admiración.

Por Que Será

Yo sólo quise entregarte mi lealtad,
pero escogiste darme soledad.
Hoy lo entiendo todo,
que quizá fue una mirada,
mal interpretada,
y ahora tengo que lamentar.

No creo que no debo de tomar para olvidar,
esta pena, muy profunda,
pero te va a costar y me vas a extrañar,
ingrata mujer,
con tu ponzoña,
te vas a envenenar.

Por qué será,
que me hayas tú usado.
Por qué será,
de que me hayas engañado.
Si yo te di,
todito lo que tengo,

190 Porque Será *continuado*

y hoy me arrepiento.

porque ni siquiera hoy te tengo

Por qué será,

la vida de este modo.

por qué será,

si no lo tengo todo,

por qué me faltas tú,

mi cielo a mi modo

y hoy me doy cuenta,

que fuiste puro lodo

Me Abandonaste

Me abandonaste
y ni siquiera me dijiste
nomás te fuiste
ignorando nuestro amor.
Pero escogiste el valor del dinero
y hoy no puedo calmar este dolor.
Preferiste olvidar lo que te quiero
Tirando al suelo nuestro fino amor.
Al cielo pido que te perdone
que no abandone tu felicidad.

Tóquenme "La que se fue"
que cantando sana el alma.
Tengo que tener más fe
y que llegue a mí la calma.
Ya no quiero sufrir más
recordando el pasado
dejo atrás su vanidad
que en futuro seré amado.

192 Me Abandonaste *continuado*

Me abandonaste
y ni siquiera me dijiste
nomás te fuiste
ignorando nuestro amor.
Pero escogiste el valor del dinero
y hoy no puedo calmar este dolor.
Preferiste olvidar lo que te quiero
Tirando al suelo nuestro fino amor.
Al cielo pido que te perdone
que no abandone tu felicidad.

Tóquenme "La que se fue"
que cantando sana el alma.
Tengo que tener más fe
y que encuentre buena dama.
Ya no quiero sufrir más
recordando el pasado
dejo atrás su vanidad
que en futuro seré amado.

Me Inspiraste

Al mirarme
me inspiraste
y causaste
obsesión.

Al verte
me entregaste
me entregaste
la ilusión.

Hoy comprendo
lo que siento
estupenda
emoción.

Hasta el ritmo
influiste
y creaste
sensación.

194 Me Inspiraste *continuado*

Te agradezco

mi alegría

hoy te ofrezco

melodía

Hay que dicha

lo que tengo

a mi amiga

se lo debo.

Me Dejaste

Dicen que me dejaste
que rechazaste
a mi amor.
Dicen que olvidaste
lo que juraste
al corazón.
Mira la gran herida
que tu causaste
hay que dolor.
Espero que no tropieces
que no mereces
mi corazón.
Pero eso si te digo
que el olvido ya llegó.
Voy en busca de un amor
que merezca
y que llene este vacio
que tu dejaste
en mi corazón.
Amor traicionero

196 Me Dejaste *continuado*

embustero

que violó.

Amor farsante

que al instante

abandonó.

Amor farsante

que al instante

abandonó.

Porque Crucé

Dicen que soy mojado
Dicen que causé desorden
porque crucé territorio
en el otro lado de la frontera.

Dicen que soy mendigo
dicen que soy ratero
porque hago los trabajos bajos
que nadien quieren primero.

Pero a ellos se le ha olvidado
cuando la familia se une a comer
cenar en su mesa en su hogar
de lo que pizque en el campo con calor.

Lechuga, cebolla, tomates
pepinos, chicharos y papas
disfrutando en casa una especial ensalada
a pesar que sacrifique mi espalda.

Mi Raza Querida

PRETENDO BRINDAR
Por mi raza querida
No la pienso olvidar
aunque me cueste la vida

Es dignidad
mi sangre de Indio
también Mexicano
y nunca me rindo.

A mi raza la alabo
defiendo constante
nunca me hundo
porque salgo adelante.

No hay nada bello
que mi idioma y cultura
mi tierra y mi cielo
es esencia mas pura.

200 Mi raza Querida *continuado*

Mi Dios escojio

que yo asi naciera

lo que me El me dio

vale mas dondequiera.

Asi es que mi raza

no se confundan

que en la sociedad

ustedes abundan.

A Mis Madrecitas

Primeramente brindaré homenaje a mi abuelita
Dedicando estos versos para decirle que ya no esta solita
Abuelita, tu que sigues siendo madre soberana,
Que modelaste tu eminente ejemplo a mi mamacita y a mi hermana.
Te ofrezco estas palabras envueltas en fragantes claveles,
Para que sepas lo que tú vales porque siempre te seremos fieles.

Ahora sigue mi madre inseparable
Que hoy diez de mayo mi vida desde cuna es palpable.
Madre, mamacita, mamá, mamita,
Como recuerdo tus brazos, tus caricias y tu carita,
Recibe un beso de tu hijo que siempre te ha amado,
No te imaginas lo que significa, el puro hecho de que me hayas creado.

Brindo homenaje a mi hermana que también es madre,
Agradeciendo a mi abuelita y madre por sus principios,
Ella dio homenaje ha ambas con su decisión e instinto de madre,
Agregando con un hijo a la familia dando el respeto y a ustedes su sitio.
Reciban ambas mi alabo y dicha por ella que dio luz a una criatura
Consejos serán regalos de su vida por siempre escuchando su sabiduría.

202 A Mis Madrecitas *continuado*

Por último, pero también primera es mi querida madre esposa,

Que siempre llena nuestro hogar con dicha felicidad y es muy amorosa.

Esposa linda, fiel y primorosa,

Idolatrada y tan sensible, como los pétalos de una rosa.

Quiero que en este tu día esposa adorada

Con mi amor y el de nuestros hijos seas coronada.

Mis hijas me dijeron que te dijera en este día,

Que tú eres la única madrecita y siempre necesitamos de tu compañía.

Reciban las tres nuestra bendición,

Porque pueden tener seguro nuestro honesto corazón.

Josefina

Todo mundo a bailar
con Josefina
haciendo un relajo.
Al ritmo del son
con josefina usted va gozar
bailando cumbia lo va lograr..

Todo mundo a bailar
con josefina
haciendo un relajo.
Al ritmo del son
con Josefina usted va gozar
bailando cumbia lo va lograr.

Miren como baila, Josefina
cuando da su vueltecita
a Juan, Don Juan.
Miren a una niña
de varones que le dicen
que, quieres bailar..

JOSEFINA *continuado*

Miren como baila, Josefina

cuando da su vueltecita

a Juan, Don Juan.

Miren a una niña

de varones que le dicen

que, quieres bailar.

Oye Papi, ¿Quieres bailar?

Todo mundo a bailar

con Josefina

haciendo un relajo.

Al ritmo del son

con Josefina usted va gozar

bailando cumbia lo va lograr.

Biografia De Autor
Una Vida Ejemplar

Raúl Sánchez Monreal Jr. nació en Nogales, Sonora México en el seno de una familia muy pobre pero el estaba cometido a cambiar su destino utilizando su fuerte deseo de voluntad. Aunque su padre dejo a su madre en edad temprana así viviendo una infancia dura, incluso tuvo que comenzar a trabajar desde muy pequeño para ayudar a su madre con el sostén de una familia de tres. Pero a pesar de todos los obstáculos y de su corta edad siempre tuvo muy clara sus metas. Desde entonces comenzó a estudiar hasta conseguir tres licenciaturas y los requisitos de su más alta educación. El entonces se da cuenta que la educación era la solución para cambiar su vida personal.

Sin tener que desperdiciar el tiempo se fue sobre su misión tomando un paso a la vez hasta recibir su Bachiller, Maestria y todos los requisitos para el Doctorado. El inmediatamente comenzó archivar sus experiencias e inspiraciones en papel usando rima tradicional creando prosas que sus maestros comenzaron a notar empujándolo a que siguiera escribiendo poesía. Fue ese el momento que el comenzó a refinar su arte y su pasión por la poesía superándola y llevándola a un alto nivel penetrando los corazones y emociones de la gente. Ahora, varios de sus poemas ya son canciones internacionales famosas que su público canta y baila.

Mientras tanto Raúl encuentra una manera de regresarle a su comunidad especialmente a los niños plantando la semilla para cosechar buenos ciudadanos asi dejando un mundo mejor de lo que lo encontramos promoviendo la educación, cultura, principios del ser humano y valores de familia enseñando un nuevo liderazgo a que surja para que haga notar la diferencia en nuestra sociedad. El hace esto modelando su comportamiento utilizando la poesía para inspirar como una herramienta de comunicación con todo ser humano. Así llegándoles a sus corazones y emociones.

www.RaulSMonrealJr.com

Testimonios

Si los pueblos tienen los gobernantes que se merecen, quizá también tengan los artistas que se merecen. Porque un pueblo emigrante y marginado como el latino en Estados Unidos, se merece un autor como Raúl Sánchez Monreal, Jr. para que le recuerde sus raíces y lo guíe a enfrentarse con la seductora cultura anglosajona. Por eso los versos de Raúl son de ánimo, de empuje, de motivación…son de "¡Levántate ya de una vez por todas!", saca todo tu impulso para que superes la ignorancia, la explotación y el olvido.

Dr. Manuel Murrieta Saldívar
Fundador y director general de Editorial Orbis Press
www.orbispress.com

La poesía de Raúl S. Monreal Jr. es un lente por el cual el pueblo puede verse así mismo. Su sencillez refleja la sinceridad de un autor en permitir que los lectores más comunes se miren así mismos reflejados en sus versos llenos de una profundidad reflejada en la sencillez. Monreal definitivamente llega al corazón del lector por medio de la palabra escrita

David Alberto Muñoz, Ph.D.

Autor de libro como Méxicalipsis; México: Identidades Sin Fronteras; The Other: Ramifications of Christianity

UN PENSADOR UNIVERSAL con una inquietud de comunicarse con melódicas palabras sencillas que pintan obras maestras que reflejan los sentimientos de la gente. Raúl S. Monreal, Jr., un poeta creativo que captura la esencia del momento y después pasa por escrito para archivar esos tiempos únicos especiales presentándolas en este libro poético. Adquiéralo y usted experimentará y aprenderá a valorar *"Cien Gotas de Agua"* un tesoro de libro de poesías especialmente seleccionado y colectado por el autor. Yo altamente recomiendo este libro de poesía para aquellos que les gusta viajar usando el formato poético por medio del cuento.

LORRAINE LUM CALBOW
Autora

RAÚL S. MONREAL, JR. ha vivido una vida cometida. Una vida de comunidad envolvida, de un liderazgo cívico, pasión por texturas ricas, colores, olores y lugares que muchos de nosotros los pasamos como desapercibidos que nosotros atravesamos por nuestras vidas. Raúl es un autor multi-talentoso, compositor internacional y poeta. La creatividad de Monreal provee un caluroso y un conocimiento profundo en su reciente esfuerzo la poesía de Raúl es abierta y honesta. Sus poemas pueden ser disfrutados por los más ardientes entusiastas de la poesía como también la persona común quienes pueden estar abriendo un libro de poesía por primera vez. La habilidad de Monreal de fundir su profundo conocimiento personal en un amplio espacio de la vida dramática, apasionada y respirar realidades a través de *Cien Gotas de Agua es evidente.* Ternura, amor, vida y todo lo que el ha experimentado construye una fundación para su maravilloso libro de poesía.

GREG PATTERSON
CEO/Dueño Andale Communication
www.andalecommunication.com

www.ingramcontent.com/pod-product-compliance
Lightning Source LLC
Chambersburg PA
CBHW030924180526
45163CB00002B/450